停止自我攻击

周小宽 ———— 著

北京联合出版公司
Beijing United Publishing Co.,Ltd.

图书在版编目（CIP）数据

停止自我攻击 / 周小宽著. -- 北京：北京联合出
版公司, 2025.9. -- ISBN 978-7-5596-8718-0

Ⅰ. B842.6-49

中国国家版本馆CIP数据核字第202593HZ23号

停止自我攻击

作　　者：周小宽
出 品 人：赵红仕
责任编辑：管　文
策划编辑：蔺亚丁
封面设计：末末美书

北京联合出版公司出版
（北京市西城区德外大街83号楼9层　100088）
北京时代华语国际传媒股份有限公司发行
唐山富达印务有限公司印刷　新华书店经销
字数169千字　880毫米×1230毫米　1/32　7.25印张
2025年9月第1版　2025年9月第1次印刷
ISBN 978-7-5596-8718-0
定价：58.00元

自序

认知的黑箱，打开需要勇气。

去看见自己长这么大，从未看见的那些真实，再因这些真实重新构建起一个自我认知的世界——我们甚至可以说，这就是重生。

当你打开书，并且看下去，这就说明，你是一个有勇气的人。

理解这个世界的方式有两种，一种是通过别人，一种是通过自己。

理解决定了你的体验与感受。

如何理解世界，如何理解自我，如何看待世界与自己的关系，基本决定了你作为人的全部生命体验。

在自我内核还未稳定形成之前，在没能用觉察的眼光去看待这个世界、他人和自己之前，我理解这个世界的方式，和大多数人一样，是父母赋予的，是社会文化背景赋予的，是家族代际传递的那些价值观赋予的。

在这样一种被赋予的认知里，我们无法活出自己，我们被他人的信念和评判标准绑架，无法获得自由。

举一个例子。

也许你是听着这样的话长大的，父母说，"我们所做的一切都是为了你，我们一直舍不得吃，舍不得穿"。

在父母的认知系统里，他们是完美的牺牲者，你是一个身在福中不知福的获利者。如果你完全认同父母这样的认知，而没有其他的思考，那么你会进入——因为被给予而感到内疚，因为内疚而想要偿还，因为偿还而被父母控制——永远无法和父母分离的状态。

这会导致，你虽然活着，甚至看起来什么都有，活得很好，却并不真正拥有你自己。

因为在你的认知里，你认同了父母赋予你的那个"亏欠者"的身份。

所以，你无法摆脱内疚，无法对他们说"不"，也就无法让自己快乐。

假如换一种认知，会怎样呢？

从心理学的角度，用精神分析的观点，我们可以讲出一个完全不同的故事（在做心理咨询时，这个故事通常是来访者自己体会到并讲出来的）。

你的父母，因为没有得到他们的原生家庭足够好的养育，加上文化背景时代性的影响渗透到心灵，使得他们不能坦荡地去满足自己，使得他们难以独自面对来自社会各方面的压力，使得他们需要别人的赞美、肯定、认同才能活下去。他们觉得自己不重要，但又极度需要被重视，他们内心充满自卑，因此极度需要被尊重——所以他们要活在一个道德完美者、牺牲者或受害者的人设中，他们才能感觉到"在你上面"而不是"在你下面"。

因为他们无法和你平等地待着，无法在你旁边。

他们的潜意识，一直在促使他们去制造令你内疚的各种场景和行为，因为只有一直让你欠着感情的债，他们才能安全地"控制你"，并和你永不分离。

所以，你感到内疚并不意味着你真的做错了或亏欠了父母什么，是你的父母认为自己太过弱小，于是他们的潜意识塑造了一个世界，而你身在其中。

但故事并不只有一个版本，你会看到别人给你塑造的世界背后，还有另一个真实存在的世界。

原生家庭，是心理学中的一个核心词，也是一个人开始建立自我认知的地方。

一开始，我们的认知系统，很大程度上被父母左右和影响着，可以说，父母怎么看待你，决定了你怎么看待自己，而我们会无条件地认同父母，并在很大程度上用父母的眼光来看待这个世界。

而父母的眼光也来自他们的父母，环环相扣，代代影响，这就是心理学所说的代际遗传。

什么时候发生转折了呢？

当你重新认知你的原生家庭的时候。

当你以一个观察者的姿态去探究这个剧本究竟是如何开始、如何展开，又如何在你身上被延续的时候。

重新去认知，你的父母在怎样"活着"，他们一直这样"活着"，又是如何塑造了你现在的"活着"。

当你去重新认知（思考、分辨、探索、定义）你过去曾相信的一切时，你会因为认知系统的更新，获得新生。

因为认知不同，你感受到的世界也不同。

有可能在你过去的认知里，藏着这样一个故事：你是个不被爱的人，因为你不够好。

你一直想象，如果我足够好，我就会被爱了。

假如你有机会走出认知的局限，看清更多真相，你会豁然发现，你的不被爱，也许是因为你的父母不具备肯定别人和爱别人的能力，因为他们也没有被好好地爱过、肯定过，并不是因为你天生就很糟糕。

于是你固有的认知被打破了。你明白了，儿时的不被爱不是因为自己不够好；你也明白了，即使你足够好，没有爱之能力的人仍然不可能给予你真爱。

于是，你不再预设全世界都不爱你，你也不再期待自己变得完美，去获取爱。

于是你开始以一种新的眼光看待生活中的各种关系，你开始感受到，原来各种关系中有被你忽视屏蔽的肯定和爱意了。

常常有人问，怎么才能活得更好？怎样走出原生家庭的阴影？怎样活才能摆脱现在的痛苦？

我想，我们永远无法凭空去构建一个新世界，活成理想中的自己。

远离此时此地，总想着换一种环境会更好，这其实是对自我最大的背弃。

原生家庭无法改变，过去的创伤无法改变，既有的挫折无法改变，自我那些不够好的部分也难以改变——但我们可以改变自己看待这些的眼光，去容纳，去理解，去消化，继而才能真正地接受和放下。

这就是心灵的转化。

写这本书，是希望大家能够感受那个"转化"。

黑白分明是很容易被看见的。对与错也是很容易被定义的。

但是这本书所呈现的，是那些不容易被看见的，被压抑和掩盖的心灵的真相。

这里面会有很多介于黑白之间的灰色的矛盾地带：比如爱恨交织，比如控制与反控制，比如想要在一起又害怕被吞噬。

走出认知的黑箱，不只是改变你曾经被别人赋予的认知体系，也是扩展你看待这个世界的宽度——因为婴儿从来没有完美的妈妈，世间从来没有完美的爱情，我们每个人都有对有错，有长处也有短处，有理性也有非理性，这些虽然复杂甚至让人觉得无奈，但都极为真实。

敢于认清这些事实，是你的觉察；接得住这些事实，则代表了你的成长。

在读这本书之前，你可以和自己做个约定，给自己一个空间，不去评判，只是去看。

因为，只有在我们不谈论对错的时候，我们才有一条路，一个空间，可以走出被人赋予的认知，去重新体验和感受，并依据自己作为独立个体的感知，构建属于自己的新的认知系统。

在这样的系统里去定义你的规则，并意识到这是你的，不是别人的。

所以，你不再简单地用你的对错之绳去绑架他人，也不再被他人的对错标准绑架，你理解并接纳自己的复杂和他人的复杂。只有这样，你才能活出真实而自由的自己。

旧的认知黑箱给了你一个牢笼，将你牢牢困在原地。

就算是金子做的牢笼，你所能看到的，也只是牢笼里面的世界。

有时候被关得太久，我们因麻木而不敢去打开那扇门。

可是，只有勇敢地打开门，才能让光照进来，走到外面，才有未来。

是的，就是现在。

周小宽

目　　录

第一章

**看见自己，
疗愈你的内在小孩**

第二章
重塑自我，
诚实地面对自己

第三章
自我觉察，
停止精神内耗

第四章
原生家庭的和解，
不是原谅

第五章
学会给自己的
心灵疗伤

看见自己，
疗愈你的内在小孩

为什么你活得不开心？

快乐有时，悲伤有时，
低落有时，骄傲有时。
这就是人生。
暗夜和白昼共存，
痛苦有时大于快乐，
但我还是想去看看。

1　很多人总是在问，为什么我这么痛苦呢？

有一种答案很学术，却不那么符合我们一贯的认知，这个答案就是因为痛苦是你熟悉的，而平静是你感到陌生的。

我接待过很多来访者，他们的故事各不相同，但其中也有着相似的部分。

我听到这样的一些描述："小时候，我本来很开心地在那儿玩着，一切都很好，接着，妈妈（爸爸）突然就会因为一件事情指责我，对我发火。"

有人跟我描述过这样的场景："我正聚精会神地看着一本课外书时，爸爸的鞋底就飞过来了。"

"妈妈对我发火，好像我做了很对不起她的事情一样。"

"爸妈突然吵起来，开始砸东西。"

开始时，是一个人的宁静、自在和快乐，但是在这个快乐后面，却潜伏着一个作为个体的我们根本控制不了的糟糕结果，那些被骂、被指责、被投射愤怒、被歧视的过往，日积月累，在人的内心凝结成一种思维模式。

这种模式，如果用我们可以理解的语言表达出来就是——快乐一定是短暂的、不真实的、不稳定的，快乐背后一定会跟着一个糟糕的结果和体验。

一定是这样的，因为过往经历中大都是这样。

如果加入"自我感觉"去翻译这种模式的话，这种模式还可以被描述为——当自我感觉良好，对自己感到快乐满足，正沉浸在当下的时候，这段时光一定是短暂的、不真实的，一定会很快被结束的。

我很快就会体验到一种不被认同、被攻击甚至被毁灭的感觉。所以我最终还是会跌入深渊。

这是对痛苦的一种理解。不知你能否明白？

我们内心其实已经有了一种模式，在这种模式里，快乐的开头一定会有一个糟糕的结尾，那么在每段故事开始前，就会暗含一个这样的线索提示你接下来会发生糟糕的事。

因为，相比在快乐时毫不设防跌入黑暗的那种可怕、失控的体验，一早就预知结局，甚至一直待在确定的结局中，会让人有安全感、确定感和掌控感。

我知道，这不是你想要的。但是，为了适应这种不舒适，我们开发出了防御功能。

防御的方式有很多种，而其中一种方式就是，让自己待在熟悉的感觉里，当不可避免的糟糕感觉来临时，你会觉得更容易接受。

这就是我们开发出的面对痛苦的方式。这种方式是为了帮助当年幼小而无力的自己，去适应外面这个不完美、有冲突，甚至残酷的世界。

这种方式出自本能。

比痛苦的体验更可怕的是失控的体验。

于是很多人无意识地操控着自己的人生，让自己活在一定的掌控感里。

如果自顾自地瞎开心，那么下一刻突然到来的打击会一瞬间让我们体验到失控的感觉。宁可痛苦，也不要失控。平静里暗藏危机，这种感觉比糟糕的生活还要令人难受。

2

A 对我说："我总是觉得内疚，我妈妈一用她那种'付出者''受害者'的口吻来绑架要挟我，我就没办法拒绝为她去做那些我根本不想做的事情。现在我经过了自我成长，我决定不去做了。可是，我极度内疚。我讨厌这样的自己。为什么我摆脱不了妈妈的影响？"

我问她："你的妈妈是个快乐的人吗？"她说，不快乐，没怎么见她快乐过。她总是一副苦大仇深的样子，好像全世界最惨的人就是她，她是受害者，对别人总是有很多怨恨。

她还说，她的妈妈也见不得她快乐，反正小时候只要她一开心，后面一定会伴随妈妈对她的指责。

我没有去问她的外婆，但我几乎可以确信，她的外婆在她的妈妈面前，应该也是一个"付出者"和"受害者"。这和中国传统的文化背景有关，和过去的年代有关，和男女身份差异有关。

女性比男性活得更压抑和艰难，她们不能为自己而活，不能追求自己的快乐。如果家庭需要"牺牲者"和"祭品"，她们就必须是排在第一位的。

　　这样的女性做了妈妈，那么她们的子女又能有多少快乐呢？妈妈如此不幸，而我这么幸福——从弗洛伊德的观点来看，我们的潜意识会觉得，这是要被惩罚的，这是一种背叛。没办法，这就是生命。生命的延续，就带有这样的编码。

　　妈妈不能让女儿舒服，因为外婆也没有用让妈妈舒服的方式养育过她，所以，妈妈没有习得快乐、舒服这种看似简单的感觉。

　　妈妈只有一种模式，就是如何在不快乐的状态下，去获得一些控制感，一些价值感。

　　所以妈妈和外婆一样，只有在"付出者"和"受害者"的位置上，才敢谈"我想要什么"。

　　她们用这种方式去控制他人，包括自己的孩子。

　　她们其实没有自己，也没有边界，自然也谈不上对自己负责，更不会为自己争取。

　　所以 A 怎么会不内疚呢？她的妈妈是这样活过来的，但是现在她要脱离妈妈和外婆的模式了，她要在潜意识里完成这种分离和背叛了。

　　"你们都活在那样一个世界里，而我却要走了。"于是，我会有内疚感、罪恶感，我觉得这是一种背叛。

作为生命的延续，我们无法避免这样的内在情绪。即使不被体察到，也是存在的。

A说，她很痛苦，不断在内疚中挣扎。她也很嫌弃自己，探索了这么久的自我成长，还是渴望得到母亲的认同，无法完全离开过去的阴影和模式，活成一个新的自我。我说："所以，你也不能真的让自己舒服啊。"

在我看来，A的自我成长之路走得很不顺，她看见了内在模式，明白那些过往意味着什么，她画出了边界，也做出了拒绝，但是，她还是一刻不能放松对自己的要求，指责自己做不到的那部分。

就好像一杯水，去看未满的那一半，你觉得空，觉得不够，看装了水的那一半，你就会舒服满足。

那么你总是去看空着的那一半，不就是为了让自己难受吗？"你让自己难受，盯着做不到的事情，盯着不够满的那杯水，从不放松和肯定自己，从不能快乐满足地活在当下，这不也是对母亲的一种忠诚吗？"

3 无论是为了防止发展出持续痛苦的模式，还是为了忠诚于母亲，或者家族，保持那种"不让自己活得舒服放松"的模式，都是潜意识掌管的东西。

我从不说我们要去改变它。当我被问到"那我何时能改变"时，我的回答是，过去你看不见它，现在你看见并认识它的那一刻你就已经不同了。只不过这种不同，不是你想象中的幸福的彼岸罢了。

也许你读到这里会觉得愤怒、悲哀、不公平、无奈。

但是，这就是生命。

我们追求美好，摒弃黑暗。可是那些负面的、黑暗的东西，既围绕在我们的过去，也同样埋葬在心灵深处，成为一种看不见的模式，参与着我们的未来。

也许你会问，既然我总是无法摆脱过去，过去都变成模式的一部分，甚至连我如此想摆脱的痛苦，都是模式的一部分，那么，追求美好还有什么意义？

我想，是的，模式很难被彻底改变，但是我绝不承认，"没有彻底改变"意味着什么改变都没有。

人生苦乐参半，不如意事十之八九，这一点是谁都难以改变的。

你举步向着未知走去时，你想不想弄清楚，自己究竟是谁？这一切是如何发生的，如何塑造着你的人生？你想不想在可以改变的范围内，做出一些带有觉察的选择，加入一些思考后的行为，而不是盲目地活在看不见的模式里？

会思考的人，都是明智的。 这种收获，我个人认为，其实足以撑起人生的意义。所以能够看到痛苦模式的 A 是她们家族中明智的人，走进咨询室去探究真相，看了心理学文章和课程去思考探索，也是一种明智的选择。

之所以说她明智，是因为在她去理解之前，家族中的所有人都活在蒙昧里，活在自动化思维里，活在既定却看不见的模式里，而她终于有一天搞清楚了，原来如此。

4

我曾经收到过一个读者的留言，我想将这条留言放在这里。

"受害者的圈圈一直都在我身上，刚刚发现自己又掉进去了。看到文章中说的'满足我，我的妈妈就是好妈妈；不满足我，我的妈妈就是坏妈妈'，我就是有这种偏执的想法，以攻击他人的方式保护我自己。我以为那是在爱自己，而事实上并不是，我仿佛看着很小很小的我拿着巨大的棍子企图抗击他人。实际上呢？没有谁要害我，没有谁要逼迫我，我仿佛还是那个小小的我，以防御的方式保护自己。这种感觉就是强迫性重复，伤害自己也伤害了他人。

"我周围所有人都有各自原生家庭的烙印，没有任何人是完美的。我老是希望他人来满足我，把自己的幸福交在别人手上，这样的我好可怜。就像拿着碗在乞讨一样，我不知道能为自己做什么，因为我真的对自己一点都不了解，我不知道怎么爱自己，不知道怎么和自己相处。我好想为自己做点什么，可又接受不了自己受伤的事实。周而复始，反反复复。"

　　读完这段留言，我很想对她说："你做了那么多，你看见了吗？""分析了那么多自己的人生经历，你看到了那么多发生在自己身上的故事，你直面了人生的真实，你看到了自己的攻击性，你没有责怪别人，你说世上没有完美的人，但你是你们家族中明智的人。你比家族里的人都要勇敢。你这么勇敢地去面对了，这么难做的事情你都做到了。给自己一个肯定和拥抱吧。"

　　我觉得，这就是改变。这就是意义。

　　我翻到这位读者的另一条留言，将它放在这里作为结尾。

　　"现在有时候听到自己的笑声都觉得有力量，我感受到内在那股神奇的力量，一直都在陪着我。这条路不孤单，虽然有时走得很艰难，但这是我自己选的，我必须走下去。我想看看这个我最熟悉的陌生人到底是啥样，我想去看看。"

　　快乐有时，悲伤有时，低落有时，骄傲有时。这就是人生。暗夜和白昼共存，痛苦有时大于快乐，但我还是想去看看。

聊聊原生家庭

我们聊原生家庭，
仅仅是为了了解，为了看清真相。
对我们而言，这有很大的意义。

1

一个人一直觉得自己不舒服，很难受，却不知道这种不舒服和难受源自哪里，是什么因素造成的。

即使知道怎么回事也于事无补，无法因为了解真相或原理，而治愈自己的伤口。当然，想要"知道"自己身上发生了什么，是大家探索生命的一种本能。

有的人可能是看了太多这类写原生家庭的文章，觉得厌烦，或者这类文章戳中了他们不想面对的部分，他们就会说"你们老说原生家庭有什么意义，能改变什么"；还有的人在看了一些心理学文章，进行学习调整后，发现自己的生活还是那个样子，问题并没有得到解决，于是带着怨气来质询——这类写真相、写原生家庭的文章，对现实的生活有什么意义？

如果从功利的角度看，我们学习和了解心理学，了解原生家庭，提起那些往事，应该是为了改变此刻的自己。

改变，是一种目的。即使改变不了什么，也可以去了解。人不一定非要那么功利。我们可不可以，不为了什么，不抱着改变当下或者让自己变得更好的目的，纯粹地去探究关于自己的真相呢？放下目的，以一份平常心去了解过去不曾了解的自己，过去不曾正视的情绪，其实这恰恰是难得的生命体验。这是我的看法。

2

我们聊原生家庭，不是为了推责，开批判大会，找到我们人生当下所有问题的罪魁祸首。我们聊原生家庭，仅仅是为了了解，为了看清真相。对我们来说，这有很大的意义。

只有理顺了从未处理的情绪，我们才能更好地面对未来的生活；我们才能把原生家庭无形的影响和控制变得越来越小，能够真正地在自己的世界里过好自己的人生。

我接待过一个来访者小 J。她的父母重男轻女，她和父母的关系一般，小时候父母常常争吵，也常常打骂身为女儿的她。

现在她自己做点生意，经济条件是家里几个姐妹里最好的。父亲望子成龙，却养出了一个没什么出息的儿子，还要求小 J 帮助弟弟，带他做生意，让他以后可以衣食无忧。

小 J 说，她一和父亲说话，就觉得父亲的情绪让她难以忍受。父亲就像个婴儿，无论他提的要求是否合理，他总是要求别人必须满足他。

"我就算做一百件事，只要有一件事没有做好，没有满足他的要求，他就会对我生很大的气，否定我、斥责我。"

这种感觉强烈地勾起了她童年时不得不去负担父亲恶劣情绪的创伤回忆，她从很小开始就是父亲的出气筒，父亲从来没有在意过她的情绪和感受，更没有安抚过她、守护过她。父亲给了她基本的"养育"，但同时站在道德高地，一直要求她提供"情绪价值"。

在这个故事里，父亲无法面对他人生的失败、不开心以及内心的各种冲突，所以毫无反抗能力且被忽视的女儿就成为这个父亲发泄投射"自己无法忍受也没有能力处理的情绪"的最佳对象。在那个年代，这样的"巨婴父亲"有很多。即使是在现在的很多家庭中，这样的爸爸也有很多。我们分析这个在中国很常见的家庭故事，很常见的原生家庭环境，对这个来访者来说有什么意义？

让我把这个故事讲完：她和父亲不在一个城市，她不想给父亲打电话。因为一打电话，她就会觉得很难受。可是不打电话，父亲会责怪她不孝顺，家里亲戚也会对她有看法，觉得她比较冷漠。

最重要的是，每个人心里也有对自我的审判。而她，也对自己有这种审判，她因此背负着深深的内疚，甚至被内疚压得喘不过气。

没有分析过这一切之前，她不知道自己为什么难受；分析了之后，她才知道，自己面对这个已经成为老人的父亲，还是那么难受，是因为这个人依旧用过去那样的方式对待她。只要面对他、听到他的声音，那些潜意识里的创伤感觉就会被勾起，因为他这么多年还是如此，没有意识到自己对女儿做了什么，也没有办法做出改变和调整。

分析了之后，她一遍一遍地看到了自己想要逃离的创伤场景。对她而言，其实是一件残酷的事情。因此，她不再那么内疚和自责了。

她允许自己不经常给父亲打电话，拒绝父亲提出的一些过分要求，而不觉得自己是一个不通情理的女儿。

3

小J和我曾经有这样一段对话。

她说："我一直希望自己能按父亲希望的那样给他多打电话。其实我已经知道他当年做的那些事情，是因为他的局限导致的一种必然，也不可能改变了。我理解。"

"我为什么就不能把他随便当作一个什么亲戚，拿起电话，和他友好地聊上几句？"她喃喃自语。

我说："那是因为你有恨啊。"

有的父母会这样质问儿女："为什么你对我还不如你对隔壁的谁谁，你看你对谁谁那么温柔、一脸笑意，为什么我一和你说话，你的语气就那么冲，拉长个脸，好像我和你有深仇大恨？我养你长大这么辛苦，你为什么不拿我当恩人，反而拿我当仇人？"

可是，事实就是——你养我长大没错，在那些我不得不和你在一起、我的世界里只能倚赖你的日日夜夜里，你除了养我长大，也曾经深深地伤害过我、践踏过我、吞噬过我、利用过我，只是这些，你都没有意识到，也不曾看见过。

在你的记忆里，只有你对我的好，但是我的感受却不是这样。你不曾尊重我的感受，但是我要尊重自己的感受。

是的，我不会恩将仇报。如果我对待一个人像对待仇人一样，那一定是有原因的，即使我还没法义正词严地解释清楚。如果我连与你友好地聊上几句都做不到，那是因为我对那些年我们的纠缠怀有深深的恨啊！

别把父母，当作自己的道德

我们把父母当作道德，
一旦违背他们的意思就感到内疚，
是因为我们太渴望
被认可和接纳。

1

我们对父母，很可能有爱恨交织的矛盾情感。

了解到自己对父母存在的恨意，了解原生家庭，看到这个恨的存在有什么意义？

意义在于——还原你和父母之间，剪不断理还乱、交织在一起的爱恨关系的真实。

是的，还原真实。

不因为他是你的父亲，或者她是你的母亲，我们就绝对地认为，他们给予你的一切都是理所应当的、有好处的。

不把父母，当作自己的道德。

我们常常谈论守住边界，特别是我们和父母之间的边界。或者说在我们对自己的期待和父母对我们的期待之间，要划出一条界线。

这条界线就是成长——我作为一个独立的、自由的人存在，不是父母的一部分，也不是实现父母愿望和期待的工具。即使父母的愿望和期待里都是你说的"爱"，但我仍然首先是我自己。

对有的人来说，划出这条界线是困难的。

比如前面提到的小 J。

父亲对她的期待，是想让她帮不成器的弟弟改变人生，她帮不了，也不想帮。父亲希望她能经常打电话给他，甚至还对她提出很多过分要求，继续发泄自己的情绪。但是她也想维护自己的情绪体验，她不想勉强自己去继续满足父亲这个"巨婴"的种种要求。

可是，假如看不到自己的恨，看不到恨从何来，看不到这部分的真实，她会因为"忤逆"自己的父亲、违背父亲的期待而有深深的内疚感，她会认同父亲的评价——"我辛苦养育了你，你却如此无情"。

看到真实，还原父母与我们之间的真实关系，感受我们的情绪，是为了不再像小时候那样，不假思索地将父母的话当作必须遵守的道德，当作必须完成的事情，当作永远不能跨越的界限。

2 也许，其他任何人责备你，你都不会那么难过，情绪不会那么起伏，但是身为孩子，被父母这样评价，则很容易陷入深深的内疚，乃至强烈的自我怀疑中。

因为父母的形象内化在很多人的心里，就是道德的所在。小时候的我们是多么期待能够通过自己的努力得到父母的认可和接纳，这是深深地萦绕在每个人意识深处的想法。

所以，我们了解原生家庭，了解爱与恨，了解真相，是为了在必要时为自己辩护，可以在守护自己的界限而被父母指责时，不因内疚和自责而崩溃。

只有这样，我们才能坚持自我，才能守住那条独立的自我界限。

有的人觉得做自己是天经地义的事情，无论面对谁；有的人觉得做选择的前提是自己真的想这样做。但也有很多人觉得做自己很难。

很多人不能跟父母和谐相处，是因为无法承受自己那种内疚的情绪。很多人的父母，虽然不像小 J 的父亲那样重男轻女，不承担责任，但也会试图对孩子进行控制，在孩子的人生里施加自己的影响，特别是那些整天将"付出""牺牲"和人生大道理挂在嘴边的父母。

父母为自己牺牲了一切，大半生都在辛苦奔波，爸爸的沧桑和叹息，妈妈的皱纹和泪水，还有那个"为了自己才勉强存在了几十年的婚姻"……这些都让你天然地觉得"我有罪"。

你觉得你的罪就是，你的父母是因为你而变得不幸福；你觉得你的罪就是，如果你不存在，他们就可以追求自己的人生；你觉得你的罪就是，父母做出如此巨大的牺牲的同时，你却并没有让他们因为你的生活和成就感到快乐，你不够优秀，配不上这份沉重的牺牲；你觉得你唯一能做的，就是听他们的话，按他们的意愿生活，这样他们可以少一些烦恼和失望。

但是，我们不应该去承担，也承担不了他人的人生。这个他人，包括父母。

你不是无所不能的。父母生育你，养育你，守在婚姻里，这一切都是他们自己的选择。既然有了你，他们应该承担养育责任。

这就是界限。

父母给予孩子最好的爱，是养育他，接纳他，培养他独自生活的能力，不成为牵绊他的负担，让他拥有自己的人生。

当然，不是所有父母都能认识并做到这一点，这是生而为人的局限。但是，作为孩子的你，请不要把自己当作赎罪的"牺牲品"，献给带你来到这个世界的父母。

尊重你的感受，尊重你自己。

3 我们如果认为"父母是我们的道德"，很可能活着活着就把自己的人生活丢了，会把自己的人生活成父母的人生，或者在自己身上重现父母的那部分痕迹。将他们的期待内化为自己的愿望，不断对自己提要求。

每个人都会对自己有要求。假如这个要求是他真的想要完成的，是他自主意识想要攀登的一个高峰，或者想要实现的一个目标，那么在这个过程中，他能清晰地意识到，没有人在逼他去做，这是他自己想要的，所以他的努力是为自己而做，他会有动力。无论目标是否达成，这个努力的过程本身是愉悦的，因为是为自己的未来而奋斗。

可是假如这个要求并不是他自己提出的呢？

假如他的潜意识里有种"我被人逼着做""我在为别人做"的感觉，就像小时候我们一边学习，一边清晰地意识到自己是被父母逼着学习的，只有学习成绩好了他们才会开心，当他以这样的心态去努力的时候，这个努力的过程其实是不快乐的。

他会有一种感觉——我不是为自己做的。也许这种感觉他不会说出来，而是被压抑在潜意识中的。

根据人本主义的观点，马斯洛认为每个人都有实现自我愿望的本能，也就是说，即使没有父母施加的压力，我们在社会环境和社会关系中，每一个人都倾向于有所作为，希望自己能够被肯定、被尊重、符合主流思想、被接纳并实现自我的价值。

本来就是这样的。

但是，更多的时候，我们的童年记忆是这样的：我考一百分，或者考九十多分回到家，我的父母才会展露笑颜，对我说话的语气马上就不一样了。如果没有达到他们的要求，让他们失望，那滋味太难受了，不但父母脸色不好看，说话难听，就连我也接受不了那样的自己。

在孩子的内心中，无一例外，本能地希望看到父母能够幸福快乐，看到父母的笑容，感受到他们语气里的温暖和肯定。

作为一个孩子，我想要被接纳，所以我要表现优秀，要尽可能地满足父母充满善意的心愿。可以这么说，孩子在一定程度上肩负了父母的愿望和人生。

我要乖巧，我要勤劳，我要变得优秀，满足父母对我的期待，满足他们对我的要求，然后我会从他们开心温暖的反馈中，感觉到自己被接纳了。

很多人就这样长大了，但长大了还是这样，逐渐内化了父母的愿望、要求。由于害怕不被他们接纳，所以渐渐将他们的准则当作自己的道德，不断苛求、束缚自己，对自己提出一个又一个新的要求，不断去满足父母的心愿。

就像小J，违背父亲的期待，不能做到如父亲期待的那样多打电话，不能帮弟弟改变人生，她还是很难受、很自责，觉得自己很糟糕。

尽管她的理性告诉她，没有必要对父亲有求必应，可是当她拒绝满足他时，她还是会自责和内疚。

所以我们需要了解父母的情绪，需要明白我们为何试图背负父母的人生，我们还要看到，为什么我们会陷入这种循环。

我们把父母当作道德，一旦违背他们的意思就感到内疚，是因为我们太渴望被认可和接纳。

不完美的你，也是值得被爱的

> 我们需要知道，
> 美好的另一面是丑陋，
> 光明的另一面是黑暗。
> 世界如此，他人如此，
> 我们的内心也是如此。

曾经有两起性侵事件，引起大众的关注。

一起是发生在1998年的北大九五级本科生高岩被性侵事件。对"肇事者"沈阳教授的讨伐之声席卷整个社会，有人在此际却表示怀疑，认为此事毕竟没有确凿证据，无法还原真相。

另外一起是2017年4月在高中时期被老师性侵的26岁女作家林奕含患上抑郁症自杀的事件。人们因而觉得恐慌——女孩的生存环境如此危险。

我们究竟应该怎么做呢？如果我们是女孩的父母，如果我们身边有女性密友，如果我们被一位少女视为可以信任的姐姐、哥哥或者师长，我们应该如何去做？

1

两个女生，一个在 20 岁离开，一个在 26 岁离开。一个是名校文学院优秀的高才生，一个是台南有名的天才少女、作家，她们都被认为是那种最优秀、乖巧、纯洁的女生。

为什么她们的人生都会以这样的悲剧结尾？对少女来说，这种侵害的确"像一场核爆"。人类存活，是需要一种精神力量的。这种精神力量坍塌，人就会跌入深渊。

真正的崩溃，不是情绪上的崩溃，而是原来价值观的瓦解。跟随价值观瓦解的，还有我们建立在价值观基础上的自我信念。

荣格曾经有过这样的探索，他认为，人活着会经历一次或几次那种整个思想体系（价值观）的坍塌（转化），然后在这种"被迫的"坍塌（转化）之后，人再慢慢建立起新的思想世界。

我们活在一种自我信念中，这信念有坍塌的可能。

某种信念坍塌后，你的自我也随之倒塌，如果没有新的信念建立，找不到可以自我依托的东西，那么这样的坍塌就足以损毁你的人生。

不是所有人都能越过那段黑暗，不是所有人都能重新在真实世界建立一种自我可以赖以生存的思想体系。比如有的人对婚姻有一种和自我相关的信念，觉得只有将婚姻维系下去的自己才是可接受的，所以一旦离婚，这种关于自我的信念也就崩溃了。

有的人对事业有一种强烈的信念和追求，觉得自己只要努力就一定会在某个职位继续升迁，但是这类人如果突然遭遇不可控的"滑铁卢"，就会因为不能接受这种失败的事情发生在自己身上，摧毁过去对自我的设想和认知，自我信念就会崩溃了。

这就是沉重的抑郁突袭一个人心灵的时候。

当世界和我们预计的、想象的、理解的不一样，过去基于这种理解建立的"自我的图画"，随着超出我们预期部分的世界来临而被撕得粉碎，于是过去的信念都坍塌了。

对于这两个外在、内在都特别优秀的女孩来说，"那件事"就是一场核爆，这场核爆摧毁了她们赖以生存的信念，也摧毁了她们内心对世界建立的理解——在这个世界上，我是好的、纯洁的，我值得并且一定会被爱。

2 一个女孩，从小就觉得自己很美好，她的内心深处不能容纳丝毫的丑陋和肮脏。她这样理解自己，也这样理解世界和他人。如果这个女孩长大后所遇到的一切都是美好的，那么她一定会很幸福。

但如果不是呢？如果不是，就会非常危险。她可能没有接触过那些很阴暗的东西，人性的丑陋、自私和贪婪。没有人告诉过她，如何接纳他人的阴暗面、世界的阴暗面，甚至自己心中的阴暗面。

可遗憾的是，她活在一个无私和自私、美好和丑陋、知足和贪婪并存的世界上。只不过这个真相，她并不了解。她误以为，世界很纯粹，爱很纯粹，心灵很纯粹。

每一个女孩都可能成为这样的女孩。这个误会，在很多人身上根深蒂固。其实我们的心灵需要建立一种功能，在容纳我们自身以及他人阴暗和丑陋的同时将其净化。

我们自身有丑陋，他人身上也有。

容纳是一种健康且具有适应性的心理，净化是一种强大的内心功能。有严重心理问题的人，或者有严重心理创伤的人，心理功能中的容纳功能很弱很弱，甚至是完全没有的，更不要谈什么净化功能。

对"坏"的容纳和理解，是一种对"坏"的免疫，不是对"坏"的姑息，是不让我们在被"坏"侵害后就被感染甚至被杀死。

我们不能完全阻止"坏"的发生，所以要锻炼面对"坏"的能力；完全无法面对"坏"，就犹如免疫系统损坏，活在稍微有一点"细菌"的环境里，没有免疫力，自身的生存会成为一个问题。

纯洁的女孩被一种很可怕的方式伤害，但还是有很多人不理解，为什么这能摧毁她们的生命？

从两个女生的故事里，我们可以找到一些答案。首先是，纯洁而美好的内心世界，以一种突然到来的、强制性的、丑陋的方式被侵入。

用来隔绝真实世界的"防护盖"，随着这种侵入被粗暴地打开，女孩开始接触到了外界和人性的丑陋，外界的丑陋真相、侵害者人格的阴暗面和女孩内心自我认同中极为纯洁的一面发生了连接——这种连接，让她们的自我产生巨大的动摇。

那个内心赖以生存的信念——我是好的、完整的、纯洁的，我值得也配得上最好的爱，这种思想体系即将坍塌。

在这两个女生面前可能就只有一条路了，那就是相信自己和加害者之间，是爱。

她们做了同样的选择，或者说，别无选择。这是她们尝试自救的方式。

这就是女作家在小说里面写的"催眠自己爱上他"。在另一个女生的故事里，根据当年她好友的表述，开始时她说他对她做了不该做的事情，让她很难接受，后面渐渐说到"爱"这样的字眼，并且非常苦恼于他还对其他女生这样。

她们似乎都在努力让自己相信，那个男人和自己产生的联结不是因为内心的邪恶丑陋，而是因为爱情。

"我从此不纯洁了，变得不完整，变得肮脏了"，这样的自我认知，对两个女孩来说，是她们的自我无法承受的，她们建立的自我信念会坍塌。

所以最后的救命稻草就是——"如果我和他是相爱的，是因为相爱才发生了这样的事情，那么我就可以认为自己还是纯洁的。这一切都是因为爱情，我没有被玷污。"

但，很快，对爱情充满了幻想的女孩发现，当她需要把这个人放到爱的位置去相信时，这个男人根本没有办法进入这样的位置。不管她们多么想拯救自己，如何催眠自己去相信这是爱情，但他的行为却在说明，这的确不是爱情。

不仅不是爱情，而且还是一种为了满足欲念而暴露人性丑恶，伪装在善良、高尚外表下的自私的侵害。

无论女孩多么不想接受，这个冰冷的现实最终还是砸到了她的身上。

无处申诉，无法通过惩罚去实现公平，不被周围的人理解，犯错的人没有得到惩罚，反而倒打一耙要将受到侵害的女孩钉在耻辱柱上，这种现实的"砸"，她们的内心经受不住。

她们身处的那个曾经觉得无比美好的世界和自我认同里美好的自己，都崩溃了，粉碎了。

荣格所言的思想体系的坍塌和重建，并不是所有人都能做到。在那段黑暗的路程里，有的人此后就一直活在黑暗的谷底，一直处于碎片化的状态，再也找不到一种方式和信念让自我可以再度聚合起来。

有的人，就此选择了离开。

3

面对那种颠覆性的改变和轰然倒塌，我们应当如何？ 一个人本来觉得世界只有好的一面，因而在这个世界中的自己，也是完整的、好的，自己认同的人，也是美好的，爱情是美好的，心灵是纯粹的。

突然，在自己相信的人里面，遇到了一个颠覆这种"本来觉得"的人，打开了潘多拉魔盒，里面黑暗肮脏到无法描述。

强烈的冲击，会击垮纤弱的灵魂。

尽管也有很多人经历了很糟糕的事件，但他们携带着剧痛的内心创伤以及"糟糕的自己"，慢慢接受了这个结局并活下去，接受了世界的不完美、自己的不完美，艰难而努力地活着；而有的人，真的做不到。

接受不了不完整的自己，接受不了别人眼里被玷污的、糟糕的自己，建立在美好纯洁基础上的自我认知体系坍塌了；建立在别人心目中那个纯洁美好的自己被抹黑了，自己也就无法坚强起来了。

不知道如何与那个不够完整的、遭遇了丑陋事物侵害的自己共处，所以最终选择了结束自己的生命。

在这个好坏参半的世界，好好活着，对有些人来说的确是困难的。

如果一个人从一开始，就摒弃了世界的黑暗，那么当她面对黑暗的时候，她很可能会被黑暗吞噬。所以，从一开始就坦然地面对一些黑暗，才是一种保护。

给孩子的保护，不是给她伪装一个美好世界，而是陪她一起去面对她接触到的不完美。当她被否定、被攻击、被伤害时，支持她、接纳她，让她因为有后盾而变得强大——这才是保护。

说来容易，做起来难。

在一些父母心里，自己就是完美的，就是不接纳自己内心的阴暗面，不接纳自己人性的弱点。比如有外遇的夫妻常年在孩子面前伪装彼此忠贞；比如自己的生活千疮百孔并不和谐完美的父母，却常常在孩子面前高谈完美，对孩子提出"你必须""你应该""你一定要完美""绝对不能这样那样"的要求。

孩子接触的世界是偏执的。明明生活中有坑有陷阱，她也能感觉到，却没有人去面对和承认那种阴暗残缺，父母只是一个劲儿地和孩子说你的世界就是学习，你要做一个怎样的人，你应该怎样……

父母不能面对和接纳自己的真实、自己的不完美，也不能接纳孩子的真实、孩子的不完美，导致孩子也不能接纳自己的不完美、世界的不完美。在这个美丑善恶并存的世界里，这样的人，活下来不困难吗？

很多人最后放弃，就是因为当自己的身上发生了糟糕的事情时，无法接纳自己，也找不到一个愿意去接纳自己的人。她们害怕假如父母知道，无法再去爱那样一个"不够美好的她"——"我导致了糟糕的事情发生，这一切都是我的责任。"如果有人接纳，如果有人对她说："这不是你的错，糟糕的事情发生在你身上，我仍然爱你，这不影响你的完整和纯洁。"也许女孩就会讲出秘密，就会被理解、被支持、被接纳，就会找到力量，重新黏合起那个因为糟糕的事件而被粉碎的自我，重新爱上这个世界。

4 悲剧背后，自有罪恶的黑手。讨伐、惩罚罪恶的黑手，是我们义不容辞的责任。但是，如何能够减少一些悲剧的发生，才是重中之重。

"被侵害了，就不够好了，无法接受这样的自己了……""被坏人玷污了，自己没能阻止这件事发生，就无法原谅自己的过错。""别人误解了自己，觉得自己是个坏女孩……"我们太希望我们的世界绝对美好，希望我们在他人那里永远得到肯定和赞美，然而，我们需要知道，世界从来就不是绝对美好的，肯定和赞美代表你在他人眼里的形象还算不错。

我们需要知道，美好的另一面是丑陋，光明的另一面是黑暗。

世界如此，他人如此，我们的内心也是如此。

我们要锻炼自己，还要帮助孩子建立包容不完美的自我和世界的能力。

包容，不是去姑息坏人，而是指内心对黑暗的消化能力、整合能力，接受自我缺陷和过错的能力。

在接受了世界的真实之后，学习如何与这样的世界相处，如何看待自己的丑陋和欠缺，如何在犯错后继续前行。发生了不好的事情，并不是人生的绝境。无法接受这样的事情发生，才会把你带到人生的绝境。

我的心中既有光明也有黑暗，活着就是要保持心中的光明，和黑暗对抗到底，当然也不排除适度的周旋。

做自己喜欢的事，
也是自由的一部分

做正确的事情，
是我们生命需求的一部分。
表达自己的自主性，
也是生命需求的一部分。

1 　　有的人总是生活在一种压抑窒息、无法动弹的状态中，他们每天都想活得自由，却不明白什么是真正的自由，如何做才能获得恰到好处的自由。我想，也许他不知道一个秘密——自由，从来就不是指"做一件结果好的事情"，而是指做自己喜欢的事情。

　　所以，自由肯定是有代价的，因为它可能导向不好的结果。做所有事情都想要自由，肯定是不现实的。

　　"妈妈，我今天不想上学，也不想写作业。"孩子会这样说，这就是他想要的自由。但是他不能说不上学就不上学。

即使在这件不可以那么随心所欲的事情里，也有一种自由容易被忽略——孩子拥有表达"我不想上学，也不想写作业"的自由，当然，前提是必须拥有足够的理由。

一个人在还是孩子的时候，因为父母的管教，自由往往是难以实现的。但是成年之后，或者说，当一个人开始对自己负责的时候，那么他是有权利去选择做一件事情的，而这件事情的结果不一定好，还可能很糟糕，但是只要他喜欢并愿意承担代价，他仍然可以选择去做。

这就是自由的日常体现。举个例子：

我有个女性朋友小王，30 岁，未婚，和爸爸妈妈住在一起。

秋风起了，她跟我抱怨说，现在每天早上，穿什么衣服还要被妈妈唠叨：

"你还穿短袖？这样会感冒，换长袖啊！"

"别穿裙子了，将来老了你会和我一样得风湿啊！"

"妈妈是为你好啊！你怎么这个态度啊！我怎么养了你这种女儿啊！"

"你翅膀硬了是吧，妈妈说一句，你顶十句！"

…………

在小王的故事里，她在降温的天气里仍然坚持穿短袖短裙出门，即使真的被冻感冒，那也是她的自由。

也许听妈妈的话，换长袖长裤，小王不会感冒也不会得风湿。这是一个好结果。但是，小王应该拥有自己的选择权——我想这样做，即使它可能会引发不好的结果。但是只要我喜欢，我就愿意承担这样的结果。

自由，在小王故事里的体现并不是"我没听妈妈的话，但是你看我也没感冒，所以我是对的"，而是"我虽然感冒了，也许我的选择不够好，但我就是愿意这样做"。

小到感冒，大到不结婚，不生孩子，结束一段关系，换工作，放弃极好的事业或学习机会，做一件很蠢的事情，进入一段毫无结果的关系，爱上一个渣男或渣女……这些都是一个人的自由。

追求自由当然是有代价的。小王一定要穿短袖短裙出门的话，后果不只是感冒，还会让她妈妈很不舒服，她得面对她妈妈的不良情绪。

不生孩子，是你的自由，但是你要迎接众人关切询问的目光，要容纳父母的责问和叹息，要甘冒另一半违背承诺另觅新人的风险。换工作，是你的自由，但是你可能换了之后发现，这个新的选择更糟糕。全身心去爱一个和你不会有结果的人，是你的自由，但你也可能会一辈子揣着一颗破碎的心，再也找不到没有遇到他时的那种平静。

2 　　有的自由，也许无伤大雅；有的自由，也许会建立辉煌成就，失之东隅，收之桑榆。但是有的自由，就会导向失败、糟糕甚至被众人耻笑的局面。

　　可是，如果你当时真的很想去做呢？那么，最困难的部分就是，你是否愿意为了这个自由，付出可能发生的一切代价。

　　自由，讨论的不是对错、好坏，而仅仅指一个人的自主性，一个人的自由意志。

　　一个人要活得洒脱，完全有可能违反某种约定俗成的标准，或者在一个评判体系里是错的，又或者在现实层面是不会有好结果的。

　　全然的自由肯定是不现实的。

　　如果你不断违反法律，那你就会一直在监狱里；如果你不断伤害关系中的他人，那你也许就不再有社交关系了；如果你乱花钱，你就没钱花了；如果你不工作，你就会很拮据……

　　但是除此之外，我们还是在很大程度上拥有着一定的自由的。难点是，你能否承担得起自己做不那么对的事情，或者做了之后结果不好的事情的代价。

　　人不是机器。只有机器才会按照正确的程序运行。人可以按照某种设定活着，但应该有一定的自主性。

你可以关闭你身上那个"一定要正确""一定要努力""一定要完美""一定要被人肯定"的程序，让自己过得洒脱一些。

这样你就不会感觉到被捆绑、被束缚、窒息、毫无生气、活得没有意义。

3

做正确的事情，是我们生命需求的一部分。

表达自己的自主性，也是生命需求的一部分。

很多人之所以感到痛苦煎熬，其实是在标准（价值观）和自主性之间，承受着内心的巨大冲突。也可以说，在主管本能的本我和主管道德评判的超我之间，找不到平衡。

有的人，超我太严厉，发出的声音又大，本我总是被打压的话，他就只能按照严厉的超我定的标准去活。

他肯定是不自由的。这个超我，当然也和原生家庭中父母对待你的态度有关。超我充斥着评判指责的声音："你看你又懒惰了。""你这么久都没有进步，别人都如何如何。""你还有脸放松自己。""你骄傲了，马上会落后的。""你忘记爸爸妈妈说的话了吗？""你干这种事，你说别人会怎么看你？不丢人吗？"

于是，本我的愿望里想干的那些事，想冒出来的表达，都被堵住了。

如果一开始，超我调教着你的行为和想法，让你只做令父母满意的事情，只做符合社会评判标准的事情，后来形成了模式，于是，你开始只做结果正确、别人期待之中的、让别人满意的事情，那么你自己的本能和本我就没有生存的空间了。

你活成了标准本身，而不是你该活成的样子了。

为什么本我的声音，总是被压抑呢？ 因为它看起来总是"不好的""错误的""自私的""不够健康的""会引发后果的"。可是，它是珍贵的，它代表了那些因为"不正确"而被你压抑的愿望。

如果一直被压抑，从不去听它发出的声音，那么你的心就会生病。

4 如果你要活得自由，就得面对因自由选择可能导致不好（不符合标准）的现实结果，以及那些你在意的人对你的种种强烈的情绪。

小王只是想穿得少一点，但是她妈妈扔给了她很多不良情绪。小王会因此内疚、愤怒，但是妈妈是不会被她改变的。所以，小王在选择穿少一点的同时，就必须接受妈妈的不良情绪。

当然，现实中，她可以在物理距离上拉长和妈妈的距离。不过，即使隔着千山万水，甚至有的人父母都已经离世，却还是避不开"内心的父母"对自己背过脸去的样子，以及他们失望的声音。

这就是自由的代价——你可能会让你在意的人不满意。

而他的不满意也会反过来折磨你的情绪。除非你愿意划清彼此的界限；除非你能够越来越不在意这个人对你是否满意；除非你的自我越来越坚定、勇敢，能够去面对自责、自我否定、内疚、亏欠等各种情绪，那么你做出自由的选择就会相对容易。

所以，自由是建立在你拥有资本的情况下的，要不然就很难做到。

这个资本可以是物质层面的，但更重要的是你内心力量的资本。

自由不是简单的想吃就吃、想哭就哭、想睡就睡——那样只是表面的自由。一个人要选择自己喜欢的事情，放弃自己不想做的事情，是建立在有资本的前提下的。有能力选择，有资本放弃，有资本输，有资本去试错。而很多时候，这个能力行不行，资本够不够，多少算够，也是由你自己去定义的。

你不幸福，
是因为你不敢幸福

当我们谈论亏欠感，
这意味着什么？
很多人经历了悲剧，
同时也在制造悲剧。

1　我一位男性好友的母亲，就是这样的人。

她是位年近 75 岁的老人。她出生时，是家里最小的女儿，在那个贫穷的年代，偏僻的小县城，有人说这个孩子留不得，留着会克自己的父亲，应该送给别人做童养媳，其实就是被送走，当地很多女孩都是这样的命运。但父亲疼爱这个小女儿，不舍得送走她。父亲后来真的生病了，经济状况变得更糟，最后，她的姐姐被送走了（因为家里养不起多个孩子）。

那个大她几岁的女孩，代替她成了别人家的童养媳。后来，父亲也病死了。妈妈守寡，带着哥哥和年幼的她艰难生活。因为生活艰难，年幼的哥哥不得不开始去帮别人家放牛，相当于卖去别人家做长工。这个小小年纪的女孩，还不懂得亏欠是什么，却已经深深地背负了亏欠的十字架。

妈妈说她克死了父亲。姐姐说，如果不是她，自己就不会被送去做童养媳。哥哥说，如果不是她，爸爸不会死，他不会被卖去做放牛娃。而疼爱她的父亲，又真的如预言所说一般，已经去世了。

在理性的氛围里，我们知道，这所有的悲剧都不能怪那个小女孩。这是一些接踵而来的意外，导致这个家庭摇摇欲坠，每个人都受到了巨大的影响，也包括这个女孩。可是在那样一个家庭，那样的年代里，没有人能撑起一个心理空间，去涵容所有的悲剧，去帮助这家人面对各种不幸，阻止他们将所有的愤怒和攻击都倾泻给这个家庭里最弱的那个人。

这个小女孩承受了所有的不满和恨意。因为家庭中每一个人都很惨，他们都很愤怒、不甘，他们找不到憎恨的对象，也没有能力自己消解，所以他们无意识地将生活中的糟糕体验，都怪罪到一个弱者身上。

只有这样，他们被生活重击后的无力感和暴怒，才能转移出去。于是，亏欠感被深深刻进了这个小女孩的人格里。在这个女孩的潜意识里，她亏欠了爸爸、妈妈、姐姐和哥哥。她的出生对这些人来说，是沉重的负担，她的存在甚至是悲剧。所以，她不只是不够好，不够好还可以弥补缺点，让自己变得更好，而她似乎不得不对所有人说："我不该出生，不该活在这个世界上，我的出生是一个错误，我对你们所有人感到抱歉。我活着，就亏欠了所有人。"

2

"我活着，就亏欠了所有人。"

我们曾经讨论过很多次，一个人的价值感低会怎样，有严重的不配得感会怎样。这个人可能会讨好别人，会没有自己的界限，会非常希望别人喜欢自己，会有强烈的羞耻感，会因此想去控制一切，用不断的付出去寻求在关系中的安全感和道德上居高临下的位置。而极低的价值感，是低到"我不但没有价值，我活着就是一种错误，是所有人的负累"。

价值感降为负值，甚至是一个巨大的负值。读完第一个部分的故事，你就会体验到，什么是"价值感的负值"——那就是"活着等于亏欠"。

不是每个生命，出生的时候都被祝福。不是所有父母都有心理能力负担得起自己创造出来的生命。

但他们无法负担，又不愿意面对自己的无力的时候，他们产生的对无力的自己的恨意，就会转向孩子。是的，妈妈会恨那个让她无力负担的孩子，爸爸也有可能会这样。因此很多孩子不是活在爱里，而是活在恨里。就像前面故事里的女孩，她的存在对父母来说甚至不是可有可无，而是根本就不应该有。

"如果我充满了亏欠感，我就会为我的妈妈献出我的一切，只求她能爱我。"一个充满了亏欠感的孩子会这样做。

这个孩子被妈妈和家庭给控制了。妈妈不会主动宣布孩子无罪，反而会进一步宣扬自己的困难，让孩子更体谅自己。因为妈妈的精神是空虚的，所以要控制孩子；如果妈妈的精神不空虚，她就能拥有一个涵容的空间，拥有爱孩子的能力。

3 人格匮乏的父母没有涵容能力，无力接住糟糕生活的大量负面情绪（恨和愤怒），从而将不满宣泄到孩子的身上。孩子觉得都是自己的错，从而产生了亏欠感、负价值感，甘愿被父母控制，以还清亏欠的"债务"。人格匮乏的父母则继续加重对苦难的渲染，让孩子持续保持亏欠感，以控制孩子不与自己分离。

如果一个孩子在这样的环境下长大，没有价值感也没有独立自我的他，很多时候只能走回父母的老路——我也用"让别人产生亏欠感"的方式来满足自己。因为我没有资格正大光明地满足自己，"我得拐一个巨大的弯，偷偷摸摸地实现我的愿望"。人都是希望满足自己的愿望的。要活下去，就必须为自己谋取一定的利益，行使自己的权利和主张。

因亏欠感而在潜意识里认为自己不配活着的人，怎么可能理直气壮地活出自己的自主性呢？更何况是表达自己的独特性？因此，他们只能迂回地表达自主性——以一种令对方亏欠从而感到愧疚的方式，达到关系的深度捆绑，站在付出者和牺牲者视角以及"我从未为自己着想"的道德高地上，让对方不知不觉被控制，使其出于亏欠和愧疚而持续性付出。

他们在关系中获得了利益，但他们觉得那不是为了自己。他们和别人共生，黏附在自己的子女或伴侣身上，这样他们就会绕过自己的不配得感，告诉自己，"我做每一件事情都是为了你，而不是为了我自己"。于是他们就可以理直气壮地"替别人"提出诉求，将自己的意愿强加在他人身上，通过这种方式满足自己。

"不分彼此"是他们透过关系绕过自己的亏欠感和不配得感满足自我的方式和前提。所以，前面讲到的那位朋友的老母亲，至今无法放手自己年过四十的孩子。我朋友说，其实现在的他生活得很好，他的孩子也很好，其他兄弟姐妹也很好。但母亲每每给他打电话，一提到他的生活，就会担忧到哽咽，还总会说，"我怎么样都行，我全部的心思都在孩子身上……"

这些话让他常常陷入一种亏欠感里。他不明白，母亲现在已经度过了艰难的年月，为什么不能快乐一点。而母亲的这种不快乐，则会直接让他产生亏欠感。每当他在生活中稍微享受，或者给自己找点乐子时，他就会内疚，就会想起母亲。

有次我们探讨这个问题时，我告诉他：也许你可以这样理解你的母亲，她的生活里至今还是只有儿子和孙子，是因为她一旦离开这样的黏附，就不再能找到可以迂回地满足自己的方式了。因为她仅仅作为自己，没有存在的理由。她需要活在别人的世界里，活在别人的灵魂里。被亏欠感完全笼罩的人，很可能是以吸附在另一个人身上的方式活下去的。

亏欠感，最终透过代际传递，创造出了非常隐晦的"关系中的操控"。

在关系中真正的幕后操控者，其实都是以弱者姿态示人的。

他们无法也不能为自己负责，他们不能提出自己的立场、意愿，但这种"弱"又催生出一种将自己意志强加给他人的"强"。他们通过别人的人生，"坦然"活出自己，表达着自主性。亏欠感可能在代际中被稀释，也因为时代环境认知的不同，年轻一代的人，开始萌发更多的自我意识。

如果一位有亏欠感的妈妈，通过养育将亏欠感传递给孩子，当这个孩子萌发了自我意识，不再愿意出让自己的生命给妈妈黏附的时候，这个孩子将体验到巨大的内心冲突。他如何背负亏欠感去活出他自己？他如果这样做了，如何还清欠妈妈的债？他可能会选择活出自己，但是接着他就必须承受住背叛亏欠而带来的负罪感。亏欠的背后其实是一种生命的不平等。

4 生命本身应该是平等的。但实际上，在集体的大背景下，社会环境中不但存在着性别的不平等，也存在着身份的不平等。比如重男轻女，比如子女必须顺从父母。在中国长久以来重男轻女的大背景下，很多女孩一出生就是一个错误。这就是亏欠感的一个群体性的起源。

男孩的情况会相对好一些。因为过去很多家庭希望生出男孩。但是这些男孩也是被女性生育和养育的。一个背负着亏欠感的活在重男轻女阴影下的女孩，成为一个母亲之后，她也只能利用亏欠感，来为自己获取价值感。

如果这个男孩有一个这样的母亲，那么男孩也会被妈妈以付出的方式注入极大剂量的亏欠感。于是亏欠感就这样蔓延着。这让很多人都无法坦然地以爱自己的方式活着。

这当然不是在说，父母养育孩子本身就是一种对自己行为负责的方式。这是将"给予和接受"债务化。用债务化达到对关系的控制。精神空虚匮乏的人，价值感低的人，需要在这种债务化的方式里，找到自己的存在。于是由父母主观选择创造出来的亲子关系被债务化，由成年人自己选择创造出的夫妻关系也被债务化。 在这样的大背景下，谈论心灵的自由，谈谈活出自我，是一件极不容易的事情。

很多人经历了悲剧，同时也在制造悲剧。深入黑暗之地，找到那些悲剧的真相，需要勇气。但这是阻止自己继续复制和扩散悲剧的唯一方式。哪怕穷尽一生之力，改写了它的百分之一，也有巨大的意义。

第二章

重塑自我，
诚实地面对自己

你都不愿意了解我，
又怎么谈得上爱我？

一段好的关系，
一定是一段互相接纳的关系。
而一段有生命力的爱情，
一定是一段互相接纳的爱情。

1 　　在两性关系中，我们经常会看到一种现象，似乎每个人都很清楚自己想要的，也知道什么是自己不想要的，就像李荣浩唱的那首《不将就》。于是，人们越来越容易一拍两散，一下子就走到了婚姻的尽头。

　　没有生命力的感情和婚姻，如果努力了还是不行，那么放弃当然是一个好选择，这是"断舍离"。但是，如果从一开始，你的期待就过分理想化；如果从一开始，你就只是将"我想要的人"分割成一个个具体的板块和目标，从未打算去了解和接受这个人真实却不那么符合你期待的一面，那么你对婚姻的期待就很容易幻灭，你所处的两性关系也经不起任何考验。

很多人将自己的期待、想要完成的愿望和现实中缺失的能力投射在对方身上。比如在物质上，将伴侣当成物质安全感的提供者、饭票、提款机和炫耀的资本。在精神上，将伴侣当作靠山、避风港和拯救者。或者，把对方当成保姆和生育工具……

然后，当你发现他做不到这些时，这个人的人设和一些行为不符合你对他的期待，或者不符合当初你给他贴上的标签时，你们就会产生很大的冲突。

如果你说服不了、改变不了、控制不了对方，内心就会产生极大的失望感。

为什么会失望呢？因为一开始你对一个人有太多期望，多到这个人承担不起。

女性，希望男性是爸爸，是哥哥，是朋友，是安全感，是避风港，是拿得出手的体面存在；男性，希望女性是母亲，是女儿，是随从，是红颜知己，是照顾者，是自己的面子。

当你说你很清楚你在两性关系里想要什么的时候，你需要提醒自己——"我是不是正在将一个爱人、一个伴侣变得功能化，希望他能够完全满足我想要的功能"。如果一段两性关系充满了功能、标签和要求，那哪里还能找到包容、接纳、理解和体谅这些爱的特质呢？

当我们在关系里要求对方的功能实现最大化的时候，我们得到的爱情和给出的爱情，其实也越来越少了。

我们如何才能找到一个最佳位置去经营好自己的两性关系？我想那个秘密法则就是——当我们能够更多地去接受对方的真实和生活的真实，我们才能够在两性关系中走得更远。

2

我来说一个真实的故事：我有一个表妹，她大学毕业之后就去了德国留学。她花了九年时间，最后从德国顶尖的医学院毕业。她的长相属于娴静温和型的，她是一个努力、有才华又善良的人。但是因为她没有太多和异性交往的经验，所以她的爱情之路并不是很顺利。

她在 34 岁的时候才认识了现在的先生，她的先生比她大 7 岁，是一个土生土长的德国人。他们两在谈了三年恋爱之后步入了婚姻的殿堂。

但在结婚之后，他们很快就遇到了一个矛盾——我的表妹很想拥有一个自己的孩子，所以在她 37 岁结婚之后，她就想赶紧实现自己做妈妈的心愿。但是她的先生和她有不一样的想法，她的先生正处在工作的转折点，暂时不希望有一个孩子。他的理由是，自己目前没有时间和能力给孩子一个很好的养育环境，所以他表示拒绝。

我的表妹非常愤怒："我好不容易结婚，而且我的年龄可能已经到了生育的极限年龄，如果再等下去，我可能这辈子都不会有孩子了。你作为我的丈夫，却不能帮助我实现当妈妈的心愿。你是如此自私、没有责任感，我看错你了，渣男！"

她越来越愤怒，不断指责和攻击他；他也寸步不让，坚守自己的决定。表妹心力交瘁。他们才开始的婚姻已经毫无质量可言。

接下来，关于孩子似乎就只有要与不要的选项。如果这个男人不能满足我表妹的期待，那么就一拍两散吧。

这是故事的 A 版本。看上去没毛病。但这个故事还有一个 B 版本。

表妹看到了他的拒绝和坚持，她没有马上给他下结论，也没有立刻收回对他的信任，她想知道，他如此坚持到底是因为什么？

这也许会让她看到，在这个冲突未发生时，她还不曾了解到的他的另一面。

她和他坐下来交流，她努力去理解和思考，然后她看到了他的内在想法，他的确认为自己没有足够的时间和精力去养育小孩。

在他的价值观里，当他觉得自己不确定可以提供给孩子足够好的养育环境时，在他还不确定自己具备成熟人格的力量时，最好的做法就是不要去生育一个孩子，因为他觉得对孩子而言，这可能是一件不公平的事情。

这不代表他不爱她，不想让她幸福。但是他也有他自己的某种信念。

表妹对我说，中国和西方的生育文化是不一样的。在中国，结婚生孩子是一件水到渠成的事情，但她的先生是个德国人，他在西方文化背景下成长，所以关于生孩子，他会有一些不同的看法。

她开始去了解她先生的原生家庭。她先生虽然已经40多岁，但他是家里最小的孩子，他有两个姐姐。妈妈和爸爸以及两个姐姐，一直都将他当作孩子对待，照顾他，宠爱他。

所以，她的先生花了很长的时间才慢慢从一个心理意义上的男孩成长为一个男人。这也是在她34岁遇见他时他还单身的原因。

而结婚，则是他努力地从一个男孩成长为男人的标志性事件。实际上，和我的表妹迈入婚姻的这一步，就是他人生中的一次很重要的成长和跨越。可是，这个时候又面对是否要生育孩子的选择，他觉得自己也许还没有做好准备，他有他担忧和焦虑的方面，也有一些对自己的不确信。这样的他虽然不是那么完美，但很真实。

在版本A里面，这个男人在妻子的眼里就是标签化、功能化的。

妻子在愤怒的时候，只看到这个男人在这件事上没有给予她配合，不符合她对丈夫的期待。她没有也不想去了解真正的他，她只看到了他没有完成她的期待，因此就下了一个结论——这是一个不成熟的、自私的、不负责任的男人，所以我不应该继续浪费时间，这不是我要的。

而在版本 B 里面，我们看到了一个活生生的人。

如果我们不用"男人""丈夫""父亲"这样的标签去限定这个人，如果我们愿意去看看他呈现出来的"不够好的真实"，我们就可以看到，这个德国男人的确在这件事上有他内心要去克服的部分，可以看到生孩子这样一件理所应当的事情，对他而言却是一个挑战，一个难关。

而值得庆幸的是，我的表妹经历的是故事中的 B 版本。

3 哈佛大学著名心理学教授塞姆拉德在教学时，曾讲过这样一段话——人类最痛苦的莫过于爱与失去，而治疗者要做的就是帮助人们了解体验以及容忍生活的真实，包括其中所有的愉悦和悲伤。

我们痛苦的最大来源是我们的自我欺骗。

的确是这样的。我们在爱情里，很容易让对方化作一个个期待，化作一个个理想中的标签，却不能够也不愿意完整地去看到那个人本身，这就是爱吗？

如果这是爱，那么这爱也没有构建在真实的基础上；如果这爱破灭了，那是因为，一开始就只是你一厢情愿地欺骗了自己。

我们期待对方给我们提供物质上的安全感、精神上的安全感、生活上的照顾还有生育的功能，却没有或者不愿意去看，对方其实也是一个和我们一样有缺陷、有局限、会陷入无力、矛盾纠结、会犯错的活生生的人。

如果我们能够更多地接纳真实，不管是自己的，还是他人的，那么在对他人的期待又幻灭的时候，我们才能够承受得住这种幻灭。

我并不怎么认同时下的一些教女性识别合适的男朋友或老公的所谓定律。那些指南一般都是二十条或者三十条，指南会不容置疑地告诉你，对方如果有某些特征，你就要迅速地将他拉黑，不要跟他谈恋爱，你们俩在一起没前途。

但我很好奇的是，如果你真的依照那样的指南，依照里面的二十条标准，对你遇见的男人进行逐一考验，符合这二十条标准的人有几个？

很可能，并没有一个人真的符合。因为指南里那些标签、那些选项，它是对一个产品的测评，没有办法用来衡量和判定人。

人是复杂的有机体，是多面的。有各种情绪，有各种感受，也携带了各种创伤和记忆。我们不能说一个男人在一场争执中倾向于赞同自己的母亲而没有捍卫自己妻子的观点，他就一定是不重视、不爱他的妻子，很可能男人的内心很是纠结。比如说他和母亲共生，从小承担着母亲的情绪。如果违背母亲的意愿，对他来说就是背叛，他会觉得极度内疚。

如果在这个时候，妻子愿意看到男人内在的真实，愿意接纳这个部分，那么才有可能在接纳真实的基础上，不以攻击者的姿态，去和自己的丈夫进行心灵层面的探讨。

也许探讨了也达不成一致，但不含攻击的探讨至少是一次走近彼此的机会。

只有深入内心的关系才能走得远。

当一个人对你不带评判，不贴标签，而是与你共情、关注你时，你是很难不对他敞开心扉的。

如果一个妻子或丈夫愿意这样去做，双方就有可能获得成长，让两性关系通过各种考验。

抱怨能改变什么呢？攻击又能改变什么呢？

当我表妹的德国先生拒绝了她生小孩的提议后，我的表妹选择更深入地了解他，而不是一把撕下他"好男人"的标签，给他贴上一个"渣男"的标签。

他们结婚的这一年多时间，在沟通中走得越来越近，越来越了解彼此。

令我有些意外的是，过年时，我接到了表妹的电话。她告诉我，她和她先生商量好了，准备在今年要一个宝宝，也许不那么容易，但是至少他们去努力尝试了。

我的表妹对我说，经历过这样的恋爱和婚姻中的分歧，她明白了一个道理——没有任何关系是完美的，没有人是完全符合期待的。

而她认为最好的关系，就是彼此有沟通，沟通有回应的关系。在回应当中，你能够看到自己和对方都在调整步伐，向一个方向去努力。

可能有人会说，我也沟通过，但我们仍然没有朝着一个方向努力。这是不是意味着我的期待真的就此幻灭了呢？我想，与其说是期待幻灭，还不如说一开始我们就不应该想象一个理想化的爱人。

共同生活，每一天的相处，一定会将这部分真实呈现出来。

他不只是一个个标签，他也不会只是饭票、避风港、保姆、生育工具，他是一个需要你去慢慢了解、慢慢感知、和你一样的活生生的人。

当我们抱着无论彼此间的关系最后走向哪里，会不会继续保

持下去，无论这段关系最终能不能达到你的期待的心态进入一段
婚姻和其他关系时，我想我们都会有所获得。因为这段旅程，会
帮助我们了解生活的真相，去学习接受不完美的自己和他人。

你那么缺爱，
为什么就是"要"不到
爱呢？

没有无创伤的原生家庭，
世上缺爱的人太多。

我的好朋友 L 最近不胜其烦，她闺密三天两头深夜给她打电话，讨论的话题单一而重复：

"为什么我的老公对我特别冷漠？我越要他爱我，对我体贴温柔一些，他越抵触，越置之不理。我一开口他就一副听都不想听的样子，他对我是不是已经完全不爱了啊！"

L 跟我说起这件事情，她想帮助自己的闺密，但又改变不了人家的老公，她自己也觉得困扰："我觉得很多人都是缺爱的，所以特别希望能够在亲密关系中得到爱，但是为什么好像很多人找的伴侣都很冷漠？越想被爱吧，结果反而越令人失望。"

因为缺爱，于是铆足了劲去要爱，结果更加体验到了不被爱的事实。缺爱—要爱—被拒绝（被攻击、无视、伤害），缺爱的人往往处在这样一个循环往复的过程中而不自知。一个缺爱的人贸然地去向别人索要爱的话，注定是要失望的。因为，爱，不是要来的。

"你可以用一种爱孩子的方式来爱我吗？"

其实很多缺爱的人，一直在用各种方式对自己的伴侣表达着这个愿望。愿望本身是没有错的，但是想实现愿望，往往会在现实中卡壳。在原生家庭中没有得到很多爱的人，会因为缺爱产生非常多的困扰——自卑、难以接纳自己、极度需要被肯定、总觉得没有安全感、怀疑、敏感、对爱的渴求度特别高。

因为缺爱，所以无法去爱和接纳那个"不够好"的自我，所以格外需要别人的认同、肯定，需要被人重视和呵护的感觉。在这种"被爱"的感觉里，缺爱的自我才能得到滋养，才能相信自己是一种有价值的存在。

"为什么我希望像一个孩子一样地被爱？" 因为缺爱的创伤都是早年造成的。没有被父母很好地爱过，内心也没有很好地成长，因为所遭受的爱的创伤，导致人格的一部分在生命早期被固化。

缺爱的人，无论看起来多么成熟、稳重、优秀，内心深处仍保留着非常孩子气的一面，时刻等待着遇到一个可以信任的人，建立亲密的关系，然后他会迫不及待地在这段关系里，展现出孩子气的那一面。因为孩提时的自己没有得到父母足够的宠爱和接纳，所以潜意识里想重塑那个时刻，期望伴侣会扮演"足够好的父母"，来呵护他、满足他。

我们本能地期待以这样的方式，治愈童年时期不够被爱的创伤。但是这种方式在现实中实行时却常常碰壁。

一个婴儿不断向母亲索取爱、乳汁和关注，以不顾一切的哭闹方式去索取，假如得不到就愤怒、生气，甚至有时会去攻击妈妈，这都是合理的、被理解的。

一个正常的养育者，是可以理解和接受一个婴幼儿这样做的。一个成年人如果仍然以一种婴儿的姿态去索取爱，尽管这反映了他内心想要被治愈的渴望，来自他内心缺爱的想要被满足的本能，但这种方式很难被另一个成年人很好地接受和回应。

缺爱的人太渴望自己能够在某个人那里得到足够的爱的滋养，一旦进入角色，就会有强烈的索求爱的冲动，并且在与对方建立了信任和亲密的关系后，往往以一种婴儿的方式索要。

如此一来，"缺爱症候群"往往会忽视一个客观存在的现实——被你索爱的那个成年人，可能自己的内心也住着一个缺爱的孩子，但是你未必会关注到对方的潜在需求，那是因为你自己太渴望爱，忽略了他心里也住着一个需要被满足的孩子。

谁也没错，遗憾的只是这个世界上缺爱的人不是一个两个。

当我们觉得自己孤独、自卑、缺爱，渴望被人像孩子一样保护和宠溺时，我们会假想遇到的那个人是一个无所不能的英雄。结果却是，你遇到的人和你有着一样的缺憾。这个其实也很好理解。我们的父母，来自怎样的原生家庭，我们又来自怎样的原生家庭，集体性创伤和传统文化带来的影响，导致了大部分家庭不懂表达爱、不尊重家庭成员的感受，有时甚至为了家庭牺牲个人利益，原生家庭有着共同的问题，养育的孩子也有着相似的创伤。

当你缺爱的时候，并不是世界上其他人都比你幸运，比你拥有得多。更为常见的情况是，你遇到的另一个人也和你一样，内心有着同样的伤痕。

以"要求"的方式索要爱，会让人本能地想要逃离。

大家都在另一个人身上找"足够好的父母"，希望可以修复不够被爱的伤痕，结果只剩下了一段令双方都感到失望的关系。

即使对方比你拥有"被爱"的体验更多，是一个有能力给予爱的人，你"要爱"的方式，也决定了你能不能得到你想要的爱的回应。

某天，我在下班高峰期的地铁听到身边一对年轻情侣的一段对话。男孩在玩手机，女孩说："你怎么不理我啊，我前面跟你说的你听见没！"男孩没说话，继续玩手机。女孩继续说："有那么好玩吗？比跟我说话有意思多了？你现在一天到晚玩游戏，我看你根本就不需要女朋友。"

男孩还是没有出声，女孩继续说："我每次跟你说话，你都好像听不见一样，你是成心的吧！我白天工作那么累，下班了你不理我，也不跟我说话，你这样的男朋友真的很无趣，受不了了！"她说完这句话，就转身望向另一边，而从头到尾男孩都不发一言。

也许有人觉得，这是一个沟通的问题，女孩不会说话，导致了这样的结果。

但是我们从心理学的角度来看看，两个人之间究竟发生了什么？

女孩想要从男朋友那里得到爱的回应，可是，她一直在以一种不太理性的方式索取，所以，她得到的回应，就是对方对"不理性"的一种本能回应。男孩的反应是沉默、隔离，其实也不算过分，如果一个人一上来就带着情绪跟你说话，你能以爱回应吗？

实际上，没有一段关系"应该"给予你爱。关系只是关系。

你的父母最应该给予你爱吧，可是他们也没有在你特别需要的时候，给予你足够的爱，何况是你后来才遇到的爱人。

爱不是可以规则化的。

如果你设定规则去向伴侣索爱，不知不觉就会演变成一种"道德绑架"，会令对方觉得有压力，想要逃离。

爱是自然流动的，而不是被要求就可以给予的。

如果以伴侣的身份去要求被爱，就像那个女孩那样，一直指责对方算什么男朋友，这么冷漠，而那个男孩因此改变，真的和女孩说话了，转变了态度，那么这种改变究竟是出于爱，还是因为被女孩指责之后，他感受到了内疚，觉得自己作为男友不应该这样做，因此调整了行为呢？

我没有答案。但是，每一个希望得到爱的人都可以问问自己——你在婚姻关系里想要的是对方爱你，还是只需要对方出于内疚、压力，按你的期待，做出一副爱你的样子就可以？

地铁上的那个女孩，其实想要的是男孩可以在这段路程中，和她聊聊天，而不是一直玩游戏。但是当一个人以指责攻击的语气向另一个人表达自己想要的东西时，他就难以得到他想要的东西了。

假如被爱是你的愿望，如何表达才合适呢？

你的婚姻到底谁说了算？

婚姻的选择，
最终是自己的选择。
自己说了算的婚姻，
才是幸福的基础。

父母不赞成的婚姻，究竟会不会幸福？每一个遇到这个问题的年轻人，或许和另一半都在经历着一种成长的阵痛。

最近我才知道，我认识的一个"90后"女孩经历了一场痛彻心扉的分手。而她恋爱的终结，竟然是因为——"我和男朋友八字不合，男朋友父母反对"。

回顾恋情，她满是感叹："那么温柔贴心、积极向上的人，居然在这样的大事上无法坚定自己的意志，当时我们都很难熬，努力争取了很久，但他父母如山般推不动，太难了……甚至到最后，他父母都没有问过我是什么样的人……"

我以前觉得"八字不合"这种干涉恋爱的理由就是无知父母的愚昧偏见罢了，一笑而过就好。然而，当我看到这个所谓的"偏见"，竟然厉害到直接终止了两个并不愚昧并且经济独立的年轻人的感情，让他们不得不伤心地分手，这是不是意味着：尽管我们已经可以从心理学的角度去高谈阔论原生家庭，尽管我们总在朋友圈转发"要对父母明确自我界限"的文章以表明自己独立的姿态，尽管我们总是嚷嚷着"我长大了，我要活出自我"……但父母对于孩子人生的介入和控制，还是以一种极有影响力的方式在大家的人生中大面积存在着。

"父母不赞成的婚姻，会幸福吗？" 当这个问题摆在眼前，其实引出的是另一个问题——幸福的关键并不是父母对你的婚恋建议说得有多正确，对你未来的指导多有远见，而是，你能不能在父母"不认同"的日子里，与父母"不认同"的伴侣，快乐地生活？

关于婚姻，你能不能不被父母的"不认同"影响？ 这才是真正要去回答的问题。

1

我有个来访者，年近 30 岁，单身，因为焦虑问题来找我咨询了很多次，其间他谈起他的母亲，他说他非常担心忤逆自己的母亲。

他最近交了一个女朋友，特别担心母亲嫌弃女孩的家世，他设想，如果任由这种嫌弃发展下去可能会出现很可怕的后果。

"假如妈妈嫌弃女友的家世，你觉得可怕的后果是什么？是你们不得不分开吗？" "我觉得万一最后要分开，我还是可以接受的，毕竟我们都是成年人了。"

"那么在你心里，可怕的后果会是什么呢？"

"我害怕以后如果我要和女友结婚，我妈妈不喜欢她，和她相处不来，我妈妈可能会崩溃。"

他说自己和女友都是成年人，可以接受分手，他害怕的是妈妈会崩溃。在他的世界里，妈妈不是一个"成年人"，无法对自己的情绪负责。因此，从工作到恋爱，从爱好到婚姻，他常常自我压抑。现在他需要做的就是尽可能地让妈妈对自己的生活满意。

当然，这也许是一个稍显极端的例子。

无论是说八字不合，还是嫌弃家世较差，抑或挑剔对象身体不好、性格不佳，父母发表的这种"强烈的毫不掩饰的评价"以及给到孩子的压力，甚至是明确的分手指令，其实都是在表述着这样的内容——"我不赞成你爱他"。

很多人在选择伴侣时，面对父母这种不赞成的态度，第一时间想到的不是父母正在做一件严重越界的事情，而是本能地希望可以做点什么让父母赞成"我爱他"，认同"我爱他"。

这是很多人习以为常的反应，我们根本意识不到——这是父母对我们个人边界的跨越。

当我对一件事说"我赞成"或者"我不赞成"的时候，就意味着，我对这件事拥有决定的权利，或者拥有部分决定的权利。但父母对于你的爱情和婚姻，其实并不拥有赞成与否的权利。因为这是你自己的事情，这是你个人边界内的事情。作为一个成年人，你是无视这种边界的突破，还是立刻以一种明确的态度去划清你的界限？你是不是特别渴望，你的父母能够对你的选择持有一种赞成的态度，极度希望得到他们的认可，特别是在你恋爱这件事上？

2 从和父母浓厚的亲情角度出发，我们希望父母能够喜欢我们喜欢的人，这无可厚非。

从心理学的角度来说，因为我们对父母有着天然的认同，也渴望被父母认同接纳，所以我们希望自己的婚恋选择被父母认可，这也是可以理解的。

但是，面对这样的渴望，你愿意以什么样的代价去实现？你愿意不惜放弃一个自己喜欢的人，去找一个让父母满意的人吗？

原生家庭不但在过去给我们带来了一些创伤，也在当下对我们的生活施加影响。

有的父母在年轻的时候，没有去经营自己的人生，而是把所有的精力都投入到子女身上。至少，他们一直是这样对子女描述的。

在他们讲述的人生故事里，他们把自己变成了一个牺牲者，也把对成年子女的各种控制和索求变得理所应当。

但是，这真的是父母的牺牲吗？有的父母自己不会处理亲密关系，把婚姻搞砸了，后半辈子不成长、不努力也不反省，然后对孩子说："我为了你才没有再婚！"有的父母自己事业不顺，接受不了挫败，心灰意冷再也爬不起来，却只会不断地埋怨过去，然后对孩子严苛至极："我把全部的心血放在你身上，你一定要出人头地！"

这类父母有一种共性，就是没有自己觉得有趣的、值得投入的生活，也不去寻找自己的价值。

他们只会把所有的愿望都倾注在孩子身上，从孩子身上体验成就感、控制感、价值感以及对生活的全部期待。毕竟孩子是可控的。一旦习惯了控制孩子，也就不会再放开了。

当孩子长大后爱上一个人，想要和某个人结婚的时候，这类父母第一时间想到的是"我喜不喜欢那个人"。

他们一定会说"我觉得你爱的人如何如何""我怀疑他如何如何""八字不合你不会幸福""未来婆婆是那样的人，你日子肯定难过"，甚至把"她屁股不够大，不易生男孩"这样的奇葩理由都搬上了台面。

这里面虽然有父母对子女的操心和担忧，但也有很多对在子女人生中继续指手画脚这种权力的贪恋。潜台词是："我要在你的人生选择上、爱情里、婚姻里做主，我是对的，我是有价值的，我对你是极其重要的。"

因为他们没有意识到，也永远不会意识到，孩子的婚姻并不是他们的婚姻，孩子的人生不等于父母的人生。

你也许无法改变你的父母，但是你能完成这种和父母"共享生命"的分离吗？

3
要成为一个真正的成年人，完成和父母的分离，需要克服的障碍是内疚和恐惧。

我们爱自己的父母，这是天生的。我们从小开始，就本能地认同父母。小时候，我们想要表达自己意愿的同时，也希望看到父母欣然接纳的笑容。长大后，即使我们知道他们有做得不对的地方，但在我们的内心深处，还是一直保持着对他们的深深认同。

"如果我做的一件事情导致妈妈痛苦，我会极度内疚。所以我绝对不能背叛她。"

其实无论是因为八字不合和女朋友黯然分手的男孩，还是我的其他来访者，都有着两种对父母的深切情感：内疚——违背父母就是背叛，背叛令自己内疚甚至有负罪感，并且无法容忍这样的自己；恐惧——害怕父母因为自己出现可怕的状况（父母崩溃、痛苦）。

所以，当我们公开谈论这种内疚和恐惧时，我们就能看清——我如此地需要"我的婚姻或爱情"被父母认同和赞成，其实是因为，我不能面对那种和他们不一致所带来的内疚感，以及走向独立的"背叛"带给我的负罪感。

也就是说，假如你成长到可以无视你对父母的内疚，认同你的人生本来就属于自己，意识到自己没有义务不断出让边界，让父母获得控制感和价值感的时候；你就可以获得你自己说了算的婚姻。

两个人的关系已经充满未知和挑战。如果是四个人或六个人的关系，要满足和平衡四个人或六个人的内心需求，那么这关系失败的概率会高出更多。

自己说了算的婚姻，才是幸福的基础。

4 父母不赞成的婚姻，不一定幸福，也不一定不幸福。但是假如你和一个特别需要获得父母赞成和认同的人结婚，你可能很难幸福。因为对方的人生不属于他自己，他还背负着父母的价值需求以及人生乐趣。他要替父母实现他们的人生理想和抱负。那么你和他在一起，要保持和谐和爱意，你也需要去配合这种"共享人生"。如果不能配合，你的另一半就会陷入强烈的内心冲突，你也很难独享幸福。

来找我咨询的来访者晓红，她和丈夫结婚五年，婚姻陷入了危机。

她的丈夫和婆婆的共生关系给他们的婚姻带来了很多痛苦。她说她和婆婆的关系特别不好，她们完全是两个世界的人。一开始婆婆就不喜欢她的性格，后来她生了孩子，婆婆说她肯定带不好，就在丈夫的支持下，"抢走"了孩子。后来她以离婚相威胁，才把孩子要了回来。

然而，当她要回了孩子，却无法和丈夫建立起幸福的婚姻关系。

因为，丈夫虽然为婚姻做了一个违背母亲的决定，支持了自己的妻子，但是随后他因为违背母亲的意愿而产生了内疚感，让这个男人必须以某种"伤害"妻子的方式达到内心的平衡。

他会在语言上，时不时地攻击她一下；他会在小事情上，时不时挑剔她；他会在她生病的时候，表现得不那么温情甚至冷漠……

一面选择违背自己妈妈的意愿去支持妻子——这是他内心想要成长的需要；一面因愧疚于妈妈而去伤害妻子——这是他内心想要寻求的平衡。

这两种潜意识的冲突几乎要拖垮这段婚姻，但也是她的老公无法控制和解决的。

面对这样的场景，晓红只能暗自神伤，她已经没有力气继续坚持到丈夫完全长大，长大到可以成为独立于他妈妈的存在。

而在此之前，或许这段婚姻只能艰难地一点点前行——这大概是与父母"共享人生"不可避免的婚姻困境吧！

5

"不被父母认可的婚姻，能获得幸福吗？"

这个问题，其实问的是——我们是否能从"共享人生"中脱离，完成真正意义上的"成年"。

一个人的"成年"并不是以年龄为界限的，而是以"你在多大程度上可以不再需要得到父母的认同，能坚持自我"作为界限的。

婚姻的选择，最终是自己的选择。

当你选择的人得不到父母认同，违背了父母的意愿，而你既不会特别内疚也不会特别希望去说服和改变他们的时候，当你能够分清自己和父母的边界时，你就算跟一个父母不赞同的人结婚，也完全有可能幸福。

更重要的是，那时的你就是一个真正的"成年人"了。

"离婚后，
折磨我五年的病突然好了"

关于婚姻的选择，
一开始我们都是在盲人摸象，
这才是关于婚姻的真相。

2018 年快结束的时候，我收到一个好朋友的微信信息，她说她离婚了。她说，离婚后，折磨她五年的慢性湿疹突然就好了。很神奇是不是？但是，其实也可以理解。

"我花了五年时间，才接受了自己婚姻失败的事实，又花了五年从受害者心态里走出来。整整五年，我都沉浸在对他的怨恨里。而在决心整理这段关系的时刻，我发现我对他的怨恨没有了，然后我的湿疹就这样神奇地好了。"

她说这种成长来得太晚。而我对她说："好在你只用了五年，而不是一生。"

在一段婚姻中，最可怕的并不是你遇到了一个不适合的人，而是遇到了一个与你想象完全相反的人。最可怕的是，你把自己当作一个受害者，并一直活在受害者的身份里。而真正拖垮婚姻和你人生的，不是别人，正是这种"受害者思维"。

1

婚姻，对每一个选择踏入婚姻的人来说，都是考验。

如何面对婚姻中的各种考验以及随之而来的挫败、委屈和伤害？

你可以做一个受害者，将所有问题都推到对方身上，在控诉对方的过程中，不断发泄永远也发泄不完的怨恨；也可以从"我"出发，去想想这一切糟糕现实的背后究竟发生了什么，"我"在其中又扮演了怎样的角色，这段糟糕的婚姻真的完全是因为对方很坏或者有缺陷吗？

如此，才能找到关于关系、关于自我、关于婚姻的正确打开方式。

无论你是选择继续这段婚姻，还是结束婚姻迈向人生的另一阶段，从"我"出发的思维方式都比受害者思维要有益得多。

也许你会说，我知道以上的道理，但我好像做不到。

就像我的朋友，活在受害者思维里五年时间，结束婚姻后，她的身体都变得好了，是什么让她一直在这种心态里走不出来呢？

尽管受害者思维并不利于一个人自我的成长和两个人婚姻问题的解决，但是为什么我们还是争先恐后地要在婚姻中和对方争抢受害者的位置呢？

我想，在开始时，对于婚姻，我们总是过于自信。我们对于婚姻的预期，不是一种合理的预期，而是一种过度的期待。因为我们太渴望幸福，渴望和他人产生联结，渴望从另一个人身上寻找童年缺失的爱。于是我们以为，婚姻就是来解决这一切痛苦的。其实我们错了，婚姻不是一种解决方法，婚姻是你们俩原生家庭模式的强迫重复，是你们潜意识中创伤的真切呈现。

婚姻本身就是充满考验、充满难题的，可是我们却把这件事想得太简单。

而当现实击碎了我们关于婚姻的瑰丽梦想时，我们又往往承受不起这种残酷的挫败，也承担不了如此惨重的人生代价。因此，我们需要用一个简单的方法，来帮助我们面对不在预期之中的真实，所以，很多人一瞬间就站在了受害者的位置上。

当婚姻不如预期，当另一半无法满足自己，当体验到伤害、无视和羞辱时，你感受到的是失控感。

站在受害者的位置上有两个好处：一是免责，即这件事的失败，不是我的错，这样我就可以免于对自我的责难；二是可以去谴责对方，即这件事的失败是因为伴侣有问题，那么我就可以把对婚姻失败的这部分愤怒、不甘和难过都发泄到对方的身上。

　　毕竟承认自己也有问题是需要勇气的。而改变自己，也是异常困难的。所以，将过错都推给对方，强烈要求对方做出改变，比反省自我、改变自我要简单得多。

　　这就是受害者思维广泛地被大家应用于两性关系的原因。

2　　受害者思维虽然在当时会让你感觉好受一些，让你觉得有资格去指责对方，可以暂时（或永远）不去面对自己的问题，但是，如果你一直使用它，那么它会令你付出更惨重的人生代价。

　　受害者思维，会造就互相怨恨、终日指责对方的伴侣。

　　如果每个人都想通过指责对方、改变对方的方式来解决问题，那么结果就是谁也赢不了。婚姻变成了每一天的争吵，在极其微小的事情上，两个人都要为对错争个面红耳赤。要不就是谁也不愿意改变，谁都觉得对方做得不好；要不就是有个人被迫改变或压抑自我，这种长期的压抑也不会给婚姻带来真正的幸福和快乐。

受害者思维，会让你活在一种婴儿般的感觉里，完全没有成长。

你所经历的现实生活，都和你的选择相关。不管你的选择是被动还是主动，那都是你的选择。而受害者思维，则是将自己当成了一个没有行为能力的婴儿。

一个刚出生的婴儿如果没有得到父母好的养育，那么他的确是一个受害者，因为他行动受限、不能说话，也不可能生病了自己找药吃，饿了自己泡奶粉喝。所以婴儿的生存取决于外部环境，取决于父母。如果婴儿没有得到满足，那么他只能怪有行为能力的大人没有尽责地好好照顾他。

婚姻中的受害者思维，近似于婴儿般的思维模式。

"我是没有行为能力的，所以在这段婚姻关系里，你要负责给我快乐，负责满足我的需求。如果你没有，那么我就会怨恨你。我是婚姻中的受害者，你就是那个害我的人。"

拥有受害者思维的人划分对错的方法很简单，但是很偏执，这是一种如婴儿般的偏执。就像心理学中说的，在母婴关系最初，对婴儿来说：在我饿的时候，妈妈及时给我喂奶，她就是好妈妈，我爱她；如果她没有及时给我喂奶，她就是不称职的妈妈，我会哭泣。

婴儿交替体验着这两种偏执的心情，心理功能慢慢发育后，才能整合"好妈妈和坏妈妈"，在内心建立起对妈妈的理解和信任。

如果一段婚姻只讲对错，那么这就是"婴儿般的婚姻"。

"你满足了我，那么你就是好伴侣；你不满足我，那么你就是坏伴侣，我就是受害者。"

这种心态和婴儿是完全一样的。

假如，婚姻的主体并不是一个真正的大人，他完全忽略了自己的行为能力，不去觉察自己和对方的内心真相，也不去思考各自原生家庭的模式在两性关系中带来的冲突，他只负责索取，索取不到就怨恨，那么这样的人，这样婴儿般的婚姻，如何获得成功与幸福呢？

尽管受害者思维会让你回避失败的冲击和自己内在的问题，但是它会让你定格在没有主动行为能力的婴儿的位置上，当你将自己当作受害者时，你也像婴儿一样将自己所有的幸福，都放在了对方的手中。

连母亲都不完美，也有对婴儿照顾不周的时候，更何况你的伴侣只是一个充满缺陷的普通人。如果你把自己当作一个被动接受的无辜受害者，将一切责任交给你的伴侣时，他又会带给你什么呢？

有人会说："我要求的不多，而且我付出的很多，可是他还是做得很差啊！难道我不可以指责他吗？难道我不可以要求他吗？"

问题是：你指责他，他就会改变吗？你要求他，他就能做到吗？

受害者其实在内心里会默默攻击自己。更糟的是，有些受害者会失去对人生的信念。

很多女性在感情受挫后，就失去了对两性关系的信念。但如果她们愿意从受害者的位置上离开，她们就会看到另一种真相——这个世界上的男人不都是坏男人，男人和女人都不完美，是我们对自己和他人都太不了解。

我的好朋友五年来一直怨恨着她的伴侣，哀叹自己的婚姻。这种怨恨和哀叹，其实也一样会伤害她自己。

"我一边怨恨他，一边觉得自己很惨，觉得自己不被爱，自己命很苦，回顾过去的每一天，我一点也不轻松快乐。"

活在对别人的怨恨里，继而贬低自己，或者在内心写下"命运对我很不公平"的话，年复一年地强化、印证。

作为受害者的恨意和愤怒不但伤害了对方，也伤了自己。

3 别把自己的婚姻叙述成一个有受害者和施害者的故事。因为那样的故事肯定是悲剧。虽然你扮演的是一个可以指责对方的受害者角色，但是你出演的仍旧是一出悲剧。那么这个人，又怎么能活得快乐和洒脱呢？

当你把婚姻中的另一半定义为一个坏人时，你就把自己定格成了一个可怜的人。但其实，这不是婚姻的真实体现，这只是我们对失败的婚姻采取的一种习惯性应对方式。

关于婚姻，哲学家、小说家阿兰·德波顿曾经写下这样的一段话：任何一个潜在的婚姻对象都是有瑕疵的。在结婚这个事情上，悲观一点是明智的。一个人独自生活的时候，总是会产生一种错觉，觉得自己是一个很好相处的人。我们对于自己的人格如此缺乏了解，也难怪我们不知道自己想要找怎样的人了。

这段话打破了大家对婚姻不现实的幻想，道出了婚姻的真相。

我们想当然地认为，如果选择了一个好伴侣的话，婚姻多半是幸福的。

我们总是去想方设法地屏蔽关于婚姻那部分近乎残忍的真相——它不是恋爱，它是两个人以极近的距离构建家庭关系，在日复一日亲密的相处中，将每个人连自己都不熟知的阴暗面和创伤暴露无遗。

我们怎么能如此地自信，觉得婚姻理所当然会成功，伴侣理所当然应该令自己幸福？

就像阿兰·德波顿所说："和错误的人结婚，可能是人一辈子最昂贵的一个错误。"

我们都只看到了自己和对方的某一面，并不完全了解自己，更不能真的了解对方。了解是一辈子的事情，但婚姻却是一个在特定时间，在某些动机的促成下做出的选择。

所以完全可以说，关于婚姻的选择，一开始我们都是在盲人摸象。

这才是关于婚姻的真相。

也就是说，一段不幸福的婚姻并不能简单地归咎于谁对谁错，从一开始就可能是你有你的缺陷，他有他的缺陷；你带着你的原生家庭印记，他带着他的原生家庭烙印；你带着你的强迫性重复，他带着他的强迫性重复。

你们彼此吸引，但又没有全然了解对方，在一时冲动下，在对婚姻的憧憬中，在迫切想要完成婚姻大事的焦虑中，在对建立情感联结的渴求里，你们走进了婚姻——但这并不意味着你是一个懂得并适合婚姻的人，不意味着你足够成熟到不会在亲密关系里暴露你所有的瑕疵，也不意味着你和他在一起就是一个非常正确的选择。

假如放弃受害者思维，不再像婴儿般想当然地在对方身上索要幸福，能够接受婚姻的真相，也能承受住婚姻的失败，那么你就可以尝试像个有担当的成年人一样，对自己的婚姻负责。

先搞清楚自己和对方原生家庭的创伤点在哪里，自己的模式和对方的模式又是什么。比如你缺爱，他也缺爱，那么你拼命找他要爱，他也会给得很困难；比如你说的话总是体现出某种强势，而他的表达方式总是疏离、拒绝，这都是从何而来。

意识到潜意识和原生家庭是我们改变和控制不了的部分，意识到人格模式不是我们的思维可以改变的，然后再去评估，在理解彼此"缺陷"的情况下，你们还能否各自做出调整，调整后能否让关系达到某种平衡，让双方都感觉可以继续。

如果你和他真的不适合，你们都有着无法改变的内在模式，而这种内在模式又会给对方带来痛苦，不是不想去改变，而是努力了也改变不了，那么就好好考虑，除了痛苦你还有什么收获，这段关系对于你的意义是什么，以及你是否还要将这段关系延续到生命的尽头。

人生不足重，重在遇知己

知我者谓我心忧，
不知我者谓我何求。

1 人是很孤独的。如果从心灵的层面来说的话。

你可以问一问自己，在这个世界上，理解你的人有几个？扳着指头数一数，我相信很多人数出来不超过三个。甚至很多人也许一个都数不出来。不用为此觉得羞愧，或者失败。世界虽然很大，却没有一个人理解你，这并不奇怪。因为每个人内心都有一堆评判的标准，既评判自己，也评判他人。而理解和评判往往都带有某种主观与偏见。

前者指的是"懂得"，即我能不带评判地"看见"你，我懂得你是这样的一个你，以及为什么你会是如此；后者指的是"标准"，即我去评判你是好还是坏、对还是错、正义还是邪恶、可爱还是讨厌，你是否足够努力，你是否达标了，给你打分，看你是否符合我的某种期待（投射）。

一旦处处都是评判，理解就不再有存在的空间了。这就是很多亲密关系的现状。评判蔓延在亲子关系、两性关系、社交关系里，人得不到理解，而是活在无处不在的评判中，从原生家庭长大是如此，走到校园是如此，走上社会是如此，走进婚姻还是如此，再到成为父母亦是如此。

2 举个大家最为熟悉的例子，一个孩子考完期末考试回到家里，书包里装着 75 分的试卷。妈妈见到孩子的试卷说："考得这么差！这个暑假你还好意思出去玩吗?！你再这样下去，我看你下学期不读也罢。别人上课，你也上课，三餐也没见你少吃，书也没给你少买，为什么人家考 100 分，你连 90 分都不到？上学期你考 82 分，现在 80 分都考不了，你还真破罐子破摔了是吧？妈妈真是太失望了……"

这样的话语和后续妈妈的举动，我想大家都能自行脑补出来。也许你们会说，这不算什么吧，我要是考 75 分，那我妈不是跟我说几句话的问题，而是……这个有关评判的例子，大家一定是非常熟悉的。

如果这个妈妈是一个能够理解孩子的妈妈，她会说些什么呢？

我们一起想象一个画面吧。画面里，这个孩子神情有些紧张，心情也很低落，他看起来很沮丧，小脸上挂着汗水，也没顾得上擦。平常回家就喊饿的他，带回试卷的这天特别安静，居然没去柜子里翻零食。妈妈看到了孩子，也看到了试卷，妈妈想，今天他考了这个分数，是不是很不好受呢？平常回家就喊饿，今天却比较沉默，他心里可能也挺难受的。班上一定有不少孩子比他分数高，老师发试卷时，他会不会觉得有些挫败和丢脸？妈妈想起期末考试前，他每晚乖乖地在桌前复习一段时间，好多知识背了忘记，忘了再背。其实他每天玩耍的时间并不多，考前还担心地说，一上考场可能背的就又忘记了，想到这些，不由得有些心疼他。

妈妈让孩子洗手吃饭，给他夹菜，说："多吃点，这学期你也辛苦了。晚上妈妈陪你一起订正试卷，看看是哪里知识薄弱，看看我能怎么帮你。"

妈妈继续对孩子说："我知道你也挺难过的，妈妈不会批评你，你努力了就好，每个人都有自己的节奏，有自己擅长和不擅长的东西，分数只是一种检验能力的方式，但不能代表全部的你。"

孩子点点头，笑了，脸上的阴霾一扫而光。因为他最担心的是，妈妈会很失望，妈妈不会再温柔地对待他了。

你喜欢这个想象吗？你可能会说，这个例子不具有现实意义。现在都"内卷"成什么样了，按照这个故事走向，前面那个孩子最后考进了985名校，后面那个孩子可能连大学的门都摸不到。我的回答是，有可能是你猜的这样，前面的进了985名校，后面的没进大学。但是，这只是一种预测、一种可能。我不否认可能性。

但我可以确信的一件事情是，被前面这种方式养大的孩子需要花费一生时间来治愈他自己，他的内心一定时时刻刻充满着对自己的评判，他会缺乏自信和价值感，无论他处在多么高的位置，得到多少人的羡慕。

而后面这个孩子，他成长在一种深度的理解和接纳之中。无论他最终有没有进985名校，人间之于他是值得的，因为他会喜欢自己，他会共情自己。他内在柔软脆弱的部分表达出来了，也被理解和保护了。这会让他成为一个有能力去这样对待他人的人。他也许会遇到很多挑战和困难，但是无论处在怎样的环境中，他的内在对自己和他人是宽容的、接纳的。他的内心是舒适的。

3 很多人之所以评判他人，其实是想要控制他人。你符合我的标准，就是好的，不符合我的标准，就是坏的。妈妈对孩子如此，夫妻之间如此，父母想把孩子变成自己期待的样子，夫妻想把对方变成最令自己满意的爱人，结果谁也没有真的达到目的。做出评判的一方总是充满了否定和失望，而被评判的一方活在不被理解、尊重与接纳的状态里。一个人之所以喜欢对他人进行评判，是因为这是个好用的工具。评判对方的对错，然后就可以理直气壮地以某种明确的标准去要求和规范对方。很多人小时候被这样对待，所以也习得了这样一种方式。就像多年媳妇熬成婆之后，她也会像婆婆一样去调教自己的儿媳妇。

但是，如果亲密关系里总是充斥着评判，那么除了可以制造出符合标准的"产品"，还能有什么美好的感觉可言？如果一个妈妈只会挖苦孩子的成绩太差，对孩子进行长期的否定和打压，而无视孩子的痛苦、泪水、恐惧和自尊的崩塌，这样的代价换来的优异成绩，究竟是造就了一个满足社会功利标准的"人"，还是在极为残忍地毁掉一个心灵？用"如果你不像我期待的那样，我就不再爱你"的恐惧也许可以逼出一个拼死也要"成功"的"人"，但是，一定不可能塑造出一个幸福而强大的心灵、一个丰富而完整的生命。

4

我们活着最大的快乐是什么？我们活着的意义是什么？我们究竟被什么滋养？

当你问出这些问题，我猜你一定是对那个在你心里横亘多年的答案产生了怀疑。曾经你的答案很明确。你的父母和周围的一切都在告诉你，要成为人上人，要努力活得优秀。你的父母希望你获得社会主流价值观的认可，获得超越世俗标准的成功。你的父母告诉你，这样才是对的，这永远是最重要的，是你要去追求的，是你绝对不能放弃的。而这也是他们不理解你，名正言顺评判你的理由。你的自主性不被理解和尊重，你只是被当作一台机器，被人无限地要求和利用。

很多人说不喜欢这个世界。我想，是的，如果这就是"爱"，那我们真的没有那么多喜欢这个世界的理由。你最想要的，你从来不敢说出来，你的悲伤脆弱无处表达。你已经忘记了你想要的是什么。

这个世界你来了吗？好像是来了，毕竟你活在这里。但仅仅活下来就够了吗？谁能穿越你的身份职责和功能，看见你的内心？你所拥有和在意的关系，是让你感觉到"活着"，还是仅仅是"好像活着"，这是很多人日复一日觉得孤独、彷徨、活得没劲的原因。谁能接纳你的无力感，谁能理解你身上那些人性的黑暗，那些"脏"的、"丑"的、"坏"的、"自私"的部分？谁知道你的哀伤和孤独？

你想要有一个人懂得你，而不是评判你。也许，这才是你不敢说出口的活着的最大的快乐。即使困难仍然是困难，人生的苦难仍然继续，即使你做的事情一件也不少，你承担的重担一点都没有变轻，但只要有这样的一个人，有这样的关系，那就好像黑暗里面的光，照耀着真实的你，你会感觉到自己真的活着。哪怕活得短暂，但活得值得。

遇到一个懂你的人的确不容易。因为你的父母对你的评判是基于他们不够完整和独立的人格，他们只愿意接受期待中的你，没有心理能力去接纳你的另外一面——人格、人性的"阴影面"，所以，你只能以"好的""符合期待的""符合评判标准的"那一面示人，这样你最亲近的人才不觉得"失控"，因为他们的人格魅力有限，他们必须以评判来施加无处不在的影响力。

因此，你来到这个世界体验的是受影响，而不是被理解。

评判和理解难以共存，就是这个道理。

一个有人格魅力，接纳人格阴影，完整、独立的人，是不会对另一个人施加太多影响的，因为他内心有空间去理解另一个人，去看到另一个人的真实。他们已经不再过多地评判自己，他们内在有整合、悲悯、共情的能力，他们可以去接受遗憾、无常和人性的真实，因此他们才能真正地去理解另一个人。这就是两个人建立彼此懂得的关系的前提。

完整、独立、不匮乏的人格难寻，因此，知己难寻。可以说，真正的知己是心灵的奢侈品。

《诗经·黍离》说："知我者谓我心忧，不知我者谓我何求。"

如果你没有遇到那个懂你的知己，愿你先成为你自己的知己。

第三章

自我觉察，
停止精神内耗

压抑愤怒，
那不叫"处理情绪"

接纳自己的情绪，
共情他人的情绪，
对于任何一段关系来说，
都至关重要。

关于情绪，其实我们懂得很少。很多时候，我们简单地以为自己的愤怒、难过、委屈和羞辱就是面前这个对象说的某句话、做的某件事，某个表达和态度带给我们的糟糕感受，接着我们再"合理化"地找一个借口，将之归咎于——

"他是个'渣男'！"

"她不够爱我，总是以自我为中心。"

"这个人就是个浑蛋！"

“他就是想控制我、奴役我！”

“她瞧不起我、轻视我！”

“他从未理解、尊重过我。”

…………

其实，这一切都不是全部的真相。

情绪，在意识的下面，它发生的原因并不像我们的意识以为的那样。

情绪，很多时候，是被你的回忆和创伤勾起，而你的那么多愤怒、难过或者委屈，只是在重复着你的过往。

1 今天，你有没有被激活创伤的时刻呢？先不要轻易回答“没有”。

我们的情绪体验，或者说我们的感受，有时候非常强烈，强烈到自己好像都被情绪淹没了。

有人会因为别人的一句话气得浑身发抖；有人会因为别人的一个判断拼命反驳，好像说服不了对方就完全接受不了；有人会因为别人的一个眼神就觉得自己被伤害了，低落到了尘埃里，觉得自己糟糕透顶。

不是因为这个人太过敏感，或者小题大做，更不是那顶经常被拿来扣上的帽子——"你想太多了吧"。其实是因为我们在一个情境里被激活了内心深处的记忆，被激活了埋藏在潜意识里的创伤。

当这个部分被激活之后，我们在那一刻体验到的，其实并不单单是那个事件或者那个人的一句话、一个表情带给我们的情绪。

在这个情境当中，如果说事件本身带给我们的情绪占30%的话，由于我们自己的创伤体验被激活，这个情绪可能会变成100%，甚至200%，负面情绪爆表。因为你体验到的不仅仅是这件事情导致你产生的情绪，还叠加了创伤情境被激活后，你在当年那个创伤里产生的极端情绪。

说一个故事，其实这个场景是很常见的，在很多人的家庭里都会出现。

一个妈妈，一个女孩子，还有这个孩子的外婆，她们三个都在家。

这两天天气变得很冷，孩子的外婆坚持要孩子穿上一件羽绒服再出门，孩子不愿意穿，就和外婆发生了争执。

在她们争执的时候，妈妈出现了。她跟外婆，也就是跟自己的妈妈说："既然她不想穿，你就不要让她穿了！怎么非要管她！"

妈妈的语气是比较激动的，外婆也语气强硬地回应："你看看天气这么冷，如果她不穿这件羽绒服出门，待会儿回来一定会感冒！感冒可能导致发烧，严重的话可能变成肺炎！现在流感那么多……"

妈妈一把扯过衣服说："我说不给她穿就不给她穿了！我是她妈还是你是她妈！"

外婆听到女儿这样的语气，也生气地说："你怎么这样跟自己的妈妈说话，我都是多大岁数的人了，我不是为孩子好吗？我难道要害她？你懂不懂尊老啊？"

如果不去急着评判这位妈妈如何不尊重老人，对自己的妈妈说话不够克制，情绪失控表达过于极端的话，我们会看到，此刻这位妈妈很愤怒。

如果不是评判，而是观察，一个问题就会浮出水面——为什么她会有这么多愤怒的情绪呢？

如果你是这位妈妈的心理咨询师，如果你没有去评判她而是接纳她的愤怒，那么当你问到这个问题的时候，这位愤怒的妈妈也许会告诉你："我想起了我小时候经常感冒，在冬天，我经常被自己的妈妈裹得像一个粽子一样才能出门。"

"那个时候，你还记得你的情绪吗？你有什么感受？"

"我很愤怒！我不能为自己穿什么、不穿什么做主。"

这是一个对于咨询情境的模拟，但其实，这样的情境的确常常出现在咨询里。

如果在这个时候我们仔细斟酌就会理解，这位妈妈的愤怒，并不在于外婆一定要让外孙女穿上羽绒服出门这件事，也并不全然是因为孩子不愿意，外婆再一次坚持了自己的意见。

实际上，这位妈妈的愤怒如此大，是因为此刻在她的心里升腾的这种愤怒，其实是她儿时的愤怒，在她还是个小女孩的时候，她没有办法去反抗一定要她穿上羽绒服的母亲。

故事很可能是这样的。她有一个焦虑的母亲，假如儿时的她不穿羽绒服出去玩，母亲会非常焦虑，情绪可能会失控，母亲害怕孩子出门着凉感冒，从而引发任何糟糕失控的结果，比如发烧或者肺炎，如果自己的孩子身体出现问题，也就意味着"我没有尽到妈妈的职责"。

所以，孩子自己的意愿不重要，重要的是"你一定要听妈妈的话，这样妈妈才能不焦虑"。

无数次地，这个小女孩为了母亲的情绪而扼杀了自己的愿望。她必须完全活在母亲的掌控之中，母亲才会觉得平静。

时光倒流回三十年前，没有人帮这个小女孩说话，小女孩是孤立无援的，她喊出的自我的意愿全被无视。她也许说过"我不要穿这件羽绒服出门，因为我没有那么冷"，或者，三十年前她根本就不敢说"不"。

她的自我，在焦虑的、要控制一切的母亲面前，是被无视的，被剥夺的。

如果我们去共情三十年前的小女孩，你说，她愤不愤怒？而那种被剥夺了自我的感觉究竟有多可怕，可怕到她多么不想再度体验。

2 所以，她一看到外婆叫孩子穿羽绒服就如此愤怒，克制不住地对自己的母亲大吼，对一件小事如此地在意，是因为，她再一次进入了和儿时相似的情境里，这个相似的情境激活了她深埋心底的记忆和潜意识里的创伤。

那种强烈的难受体验，再度袭来。儿时，你无法愤怒地呐喊出"不要"，但是现在，你可以了。于是，她借着孩子现在这个事情，终于呐喊出了自己儿时对被母亲控制的愤怒。这才是整个故事。

如果用这样的方式去讲我们自己的故事，我们就能更多地接纳自己的各种情绪。它们之所以存在，是因为它们不仅仅和现实相关，更和我们自己的过去相关。

在这个故事里，我们拆解了情绪，于是就看到了情绪背后的故事。

情绪不仅仅是当下的产物，也往往会叠加大量潜意识创伤中的动力。潜意识的动力，也在一定程度上搅动着情绪。

如果只是去觉察而不是评判的话，我们会看到很多故事，会看到很多潜意识动力运作的方向，于是我们会有更多对自己的理解。

这才是对情绪的处理。这就是觉察情绪的好处。

如果因为你生气、难受、委屈，你就将对面那个人简单地定义为坏人，这很难真的让你释怀，因为如果他是坏人，那么你就是个受害者。

但如果你能读懂情绪背后的故事，看到创伤是如何被激活，情绪又是如何叠加的，那么你就对自己和他人有了更多理解和接纳。

处理情绪，不是告诉自己要宽容，不是压抑愤怒，不表达、不处理情绪，是要搞清楚自己的情绪究竟来自哪里，它如此强烈是不是在提示你什么。

如果读懂了这样的一个故事，你也许会发现，其实生活中很多情绪不单单是这个事件本身引起的。

3

为什么有时候我们身边亲近的人讲了一句话，虽然这句话听起来"没毛病""很有道理"，但就是极度让人不舒服，或者极度令人愤怒，以至于你可能当场就要对他进行回击……

有时候，你明明在讲一个很正常的事情，对方却莫名生气。

比如说，同样是穿衣服的故事，同样是在冬天，妻子对正要出门的丈夫说："你怎么才穿一件衬衣？你是不是穿得太少了？外面那么冷，把外套带上再出去吧。"

妻子这句话听上去挺温和平静的，但是丈夫的火却被莫名点着了，他对妻子说："你能不能不要管我？"并且也没有拿外套，就愤愤地出门了。

如果我们不去解读所谓的潜意识，如果我们不去拆解情绪背后的情绪，可能很多人都会觉得丈夫有问题，妻子被欺负了，丈夫把妻子的好心当驴肝肺，丈夫怎么会是这样的态度？

但如果我们去理解这个情绪，那么很有可能在这个故事的背后，丈夫有一个曾经很喜欢控制他的母亲，这个母亲看不到自己的孩子正在一点一点地长大，有自己独立的个体界限，有自己感知温度的能力。母亲一切都替孩子做主，导致孩子有一种"我被吞噬了"的感觉。

所以，他不想再体验这种感觉，希望自己的事情自己做主。所以，他的反应可能是一种应激反应。被激活了创伤，他的反应和情绪可能是很剧烈的。

这就好像一个人曾经溺水，虽然被救回，但是如果他再次走到河边或湖边，他很可能会产生创伤被激活后的应激反应。他来到了类似情境下，并激活了他的创伤体验，他可能会体验到极度的害怕。因为不想再体验，所以他就不再去水边了。他对水的反应会比别人都大。我们很容易去理解曾经溺水的人怕水，却很难理解带有情绪的自己和他人。然而，情绪其实就是一样的产物，它也有它产生的原理和路径，它的好坏与道德无关，而是和潜意识密切相关。

跟带着强烈情绪的人讲道理，不但无法说服他，而且有可能火上浇油。不要去跟一个带着强烈情绪的人讲道理，而是去倾听，你的情绪、他的情绪，究竟在说什么呢？这是"理解"的最高层次。

当我跟你这样说话的时候，你为什么这么生气？当我讲到这句话的时候，你为什么如此沉默？你为什么因为我这样说，就觉得我是一个坏人？你为什么突然拂袖而去？你为什么如此歇斯底里？

在很多个为什么的背后，如果我们只是简单地得出一个结论，说这个人很渣，他没有理解能力，他不够爱我，那并不是全部的真相。

那只是你意识里的一个解释罢了。

接纳自己的情绪，共情他人的情绪，对于任何一段关系来说都至关重要。

我们有一个大致的共识，只要是人，或多或少有一些缺点和小毛病。但有一点是基本相同的，在我们小时候发生过的那些事情，你也许已经完全不记得，可是它其实还在你的记忆深处，在你的潜意识里有着巨大的动能，搅动着你的人生。

当你进入类似情景的时候，你的大脑不需要反应，你的情绪就会出现反应。

情绪的出现，不需要经过意识。

我们的意识常常是为了解释这个情绪而存在的。但如果我们仅仅只是满足于用意识制造的一个合理解释，那么，我们可能会错失真相，产生很多误解。

每一个人都会有自己的创伤，也会有自己的缺陷，你也许不知道它们在哪里，但是情绪会告诉你。

我想，无论对自己还是对他人，接纳的前提是理解，是你愿意去看到真相而不是只会区分对错。

这才是接纳的开始。

做别人的"情绪拯救者"，你累吗？

也许，在人与人之间的关系里，
你承担了太多别人的情绪，
因为太在意自己在别人世界里的影响，
所以你才会精疲力竭吧。
做别人的情绪承担者，
当然是很累的事情。
再轻松的关系，也会变得令你不堪重负。
究其原因，或许有时候是
我们把自己看得过于重要。

我的一个小姐妹在私底下对我吐槽，说好想放飞自己，去没人的地方待几天。

我问她为啥，她的语气里透露着深深的疲倦。她说，有时候和人待在一起，真的挺累的。

"比如昨天见了个朋友，我发现我会格外在意我说话时对方的反应，怕说错了什么让她不自在。当她聊到不开心的地方，我就得赶紧想着该怎么办才好。" "在家里也是，老公工作不顺有点郁闷，我开解也不是，安慰好像也没用，但什么都不做又不好。真的好累。" 我对她说："也许，在人与人之间的关系里，你承担了太多别人的情绪，因为太在意自己在别人世界里的影响，所以你才会精疲力竭吧。"

做别人的情绪承担者，当然是很累的事情，再轻松的关系，也会变得令你不堪重负。

究其原因，或许有时候是我们把自己看得过于重要。因为将自己看得太重要，于是觉得自己在别人的世界里扮演着举足轻重的角色；觉得自己的一举一动都牵扯着别人的心情；觉得自己如此重要，因此要对别人的情绪负责。渐渐地，在这个"极度在意他人"的过程中，透支了自己，丢失了自己。

如果你觉得活得有点累，问问自己，你有这种"情绪拯救者"情结吗？

1   我们常常谈论"界限感"，这个词是相对于自我而言的。假如把自我想象成一个球体，那么这个球体需要有边界才会是有形的。

如果没有边界，自我这个球体就会无限度地和他人的世界融合在一起，纠缠在一起，分不清彼此。这种感觉会让我们觉得时时刻刻受到束缚和牵制，无法坦然自由地表达自己的意愿、情绪，做出自己的选择。但是，为什么建立界限、守住界限这么难呢？

因为很多时候，我们会不自觉地对别人的情绪负责，成为别人的情绪拯救者而不自知。

当我们体察到别人不愉快时，我们会马上做点什么去阻止别人可能产生的不愉快，我们将别人的情绪负担在自己的身上，认为自己对他人的情绪负有责任。我们似乎很难对别人的情绪坐视不理、袖手旁观。

但是一旦我们被卷入别人的情绪世界，一旦我们试图改变他人的情绪，一旦我们试图控制他人的喜怒哀乐，我们也就不得不让出自己的边界和独立的自我。

和别人搅和在一起，当然谈不上明确的边界；和别人搅和在一起，自己的情绪就会很容易被影响。

如果他不高兴，我也对此负有责任，我不能允许自己高兴，我一定要做点什么让他高兴——这是很多情绪拯救者的惯性思维。

情绪的责任究竟应该由谁承担？特别是在亲密关系中，那些喜欢对他人情绪负责的人，要问自己一个问题：他人如果不快乐，是因为你，还是因为他自己的内心呢？

其实，每一个人都应该对自己的情绪负责。

因为我们都很清楚，一个人是否快乐的根本原因在于他的心是如何感受和认知这个世界的。

"你的心决定了你的世界"，这句话绝对不是骗人的空话。在认知疗法当中，一个基本的关于我们感受的原理被无数次地验证——我们对一个事件所产生的情绪，取决于我们对于该事件的认知。

也就是取决于我们认识事物的内心图式、人格、潜意识模式、过去的创伤回忆等这些我们无法觉察的无形因素。

也就是说，一个人此时此刻的心情与这个人的内心深度、认知水平和潜意识相关，而不是由外部世界发生的事情作为决定性因素。

我们是否快乐，不在于这个事件，而在于我们对事件的反应，在于我们如何看待这件事。

所以，情绪的真相是：每个人在生活的过程中都要去完成自己成长的功课，建立更好的认知事件的方式，处理潜意识的创伤，重新整理自己的故事和记忆，以积极的眼光去认识事物，让自己更接近平静和快乐。

这是每个人要去完成的功课，也是每个人对自己情绪的决定性影响。

那么如果你身边的某个人总是不快乐，是因为你吗？不是，是因为他自己的内心。

婚姻关系，是最常见的一种亲密关系，在这种关系中，很多人不自觉地扮演着对方的情绪拯救者角色，然后因此陷入了一种很糟糕的状态。

为什么？因为情绪拯救者试图解决伴侣应该自己去面对的人生问题，而他显然也解决不了伴侣的问题，于是最后他处于一种被掏空之后无力改变，想控制又控制不了他人情绪的挫败状态。

举个例子，丈夫 B，因为中年危机，个人的现状和理想的自我有差异，对自己产生了强烈不满，这是他自我认同部分出现的冲突，是需要他自己面对的问题。

这种不满他自己消化不了，用心理学的投射这种方式，丈夫将不满倾倒在妻子 A 的身上，或者说处在亲密关系中的妻子 A 捕捉到了丈夫不快乐的状态。

这对夫妻的日常演变成丈夫 B 经常脸色欠佳，心情低落、烦躁，有时更是以挑剔自己妻子的方式来处理负面情绪。

这种在亲密关系中投射、转移负面情绪的例子非常常见，甚至可以说这就是人性的普遍规律，是很多人都会不自觉去干的事情，但其实这还不是最糟糕的。

如果我们被别人投射了负面情绪，如果只有这一步的话，还不足以构成对我们的伤害，动摇我们的自我。

假如妻子 A 能够有自己的界限，分清丈夫的情绪是丈夫的情绪，自己不需要对他的情绪负责，那么丈夫对她的挑剔，不会在她的自我中掀起惊涛骇浪。她可以平静理解，可以不予理会，可以让丈夫慢慢在自我冲突的过程中，去完成自己的情绪消化过程。

无论结果是什么，可以说这都是她丈夫需要经历的成长历程，不会因为她而有根本的改变。这就是我们无法改变他人人生的一种体现。

可是，在这个故事里，糟糕的部分是，妻子 A 是一个特别喜欢对他人情绪负责的人，是一个忍不住去控制他人情绪的人。

她无法忍受自己的先生出现了不好的情绪，看到对方的这种状态，她就会把自己代入，觉得丈夫的不开心都和她相关，他的低落或者烦躁是对自己的否定，自己一定要做点什么去改变丈夫的情绪反应，这样她才能重归平静。

所以，妻子 A 遇到了丈夫 B 的负面情绪，她会努力地去讨好或者付出，以期改变丈夫的情绪。

如果丈夫无法快乐，她会认为这是丈夫对她的不满，是她不够好，她将自己纠缠进丈夫的情绪里，这种感觉令她非常难受。

然后，如果妻子 A 试图对丈夫 B 的负面情绪负责，试图改变对方，而丈夫 B 仍然不能立刻改变自己的情绪，变得快乐或者状态变好，那么取而代之的将是妻子 A 强烈的愤怒。

妻子 A 会觉得，我做了这么多调整、让步和付出，你怎么还是这样？因此她对丈夫 B 产生了不满或者恨意。但是妻子 A 没有意识到，丈夫 B 可能有别人的不快乐或者内心冲突。

冲突是我们内心常常出现的状态，不快乐也是一种权利，可是她却试图控制和改变别人的这个部分，问题就出现了。

这是很多亲密关系完全无法承受一点点负面能量考验的原因。

因为一方会把自己纠缠进另一方的情绪里，觉得自己很重要，觉得自己可以做点什么去改变对方，觉得对方的不快乐就是因为自己不够好。

结果两败俱伤。

2

根据心理学的观点，我们觉得自己很重要，往往是源于自恋。

小时候，我们会本能地觉得自己是世界的中心，是家庭的中心、父母的中心。

有的人，从很小的时候开始，就在成为父母的情绪拯救者——你小时候，想着考了好成绩，回家后就能看到难见欢颜的父母露出笑颜时；你小时候，如果乖巧听话，不惹是生非，就会降低父母在家激烈争吵的频率时；你小时候，看到母亲对父亲的不满和抱怨，于是你站到母亲这一边，试图做些什么以平息母亲的愤怒或者挽救父母的关系时……

所有这些时候，都是一个孩子不自觉地成为家庭成员情绪拯救者的时刻。

如果回溯到童年，有的人或许会发现，小时候的自己总是在承担着父母的情绪，并且为了改善父母的情绪状态做出了很多努力。例如表现出完美但不真实的自己，以期令父母感觉快乐，这是孩子的本能——希望父母幸福，并且由于自恋，会认为自己在家庭中扮演了非常重要的角色。

而我们的父母，往往因为逃避，将自己产生不良情绪的责任推给孩子。口口声声都是为了孩子，才不得不忍受自己的人生，其实这是在把自己的情绪丢给孩子，让孩子毫无选择，不得不成为父母情绪的承担者。

而孩子长大后，依然会在关系里重复这样的模式。每当关系出现或者快要出现冲突，他人快要进入不好的情绪时，这个人都会不自觉地要去做点什么来改变对方的情绪状态。怎么做？往往就是失去自我地讨好、牺牲和付出，就像我们小时候常对父母做的那样。只有意识到自己在重复着童年的行为，觉察到自己正将他人的情绪揽上身并承担时，才能真正建立自我的界限。

将你的情绪决定权还给你，而我的情绪由我自己负责，那么让自己一个人快乐起来，比要求你面对的他人也必须快乐，要简单得多。

做别人情绪的旁观者，是值得我们一辈子去学习的一门功课。我们活在各种关系之中，就会常常被各种关系牵扯和影响。我们要找到自己的准心，获得自我的平静，需要懂得区分，哪些是自己要面对的情绪，哪些是他人要独自面对的情绪，哪些是可以分担的情绪。

童年时，父母的日夜争吵是他们的悲哀，但那是他们要自己负责的人生。

现在回头看，我们也会发现，其实父母解决不了自己人生的很多问题以及自我的各种冲突，所以他们才会不快乐、不相爱，才会有那么多的互相伤害。

他们活在负面的情绪里，不是因为孩子，是因为他们自己没有很好地面对和成长。

但在家庭的层面中，父母往往会把这部分不快乐的责任转嫁给孩子，孩子又会不自觉地去承担让父母快乐的责任，这是一种严重的错位。

我们需要觉察这个部分，回归真相本身。

这个真相就是，父母也好，他人也罢，很多时候，他们的不开心和你无关。

你在父母的世界里，没有那么重要。你在他人的世界里，也没有那么重要。在每个人的世界里，最重要的都是自己。

每个人内心的不快乐和不和谐，都是自己的认知和选择造成的结果。

3 如何告别情绪拯救者这个身份，给你几点建议：

第一，常常提醒自己，你在别人的世界里，并不像你以为的那么重要。

你不是世界的中心，你只是他人世界中的一个角色而已。你那么在意别人的情绪，是源于你的自恋，是因为你以为别人也会在意你的一举一动，但其实在别人的世界里，主角是他自己，无论你们之间关系多么亲密。

第二，当别人指责你，或表达对你的不满意时，你需要问问自己，你是否对自己满意，你是否做了你应该做的事情。

如果你在你的世界里行得正，那么他在他的世界里如何定义你，就是他的事情。

第三，每个人都有权利不快乐，每个人都有自己要处理的情绪，这是神都无法改变的事情。

放下对他人的控制，放下自己想要越过边界去承担的责任。事实是，我们都需要多一些努力，摆脱以往的行为惯性，才能真正地从别人的情绪中赎回自己。

承担别人的情绪，或许是因为命运的安排（原生家庭的影响），但是，不再承担别人的情绪和人生，却是我们可以慢慢学习、慢慢尝试的。

活在人与人之间的关系中，不被他人淹没，你将得到不一样的人生。

你充满了不安全感，
不可能活得不累

一个充满不安全感的人，总是活得很累。
他担心很多事情的发生，特别害怕失控，
会料想到各种不好的结果。
父母是孩子建立安全感的基石。
父母在生活的风浪里是否保持着内心的稳定，
影响着孩子安全感的高低。
希望这篇文章，
能帮助你理解"安全感"这回事，
理解缺乏安全感的自己和别人。

1　　"安全感"这个词，大家经常挂在嘴边。缺乏安全感的人，活得比一般人累。

　　你可以往下看，自测一下，你是不是属于那种因为缺乏安全感所以活得不放松的人。

我们对关系的渴望和依赖，其实是因为我们缺乏安全感。因为缺乏安全感，就变得特别渴望有稳定的、安全的关系，可以安抚自己那个总是觉得惶恐担忧的心灵。

然而建立关系对缺乏安全感的人来说又是极大的考验，谈个恋爱，本来是一桩美事，却因为缺乏安全感，由对方的一点点问题联想到极度糟糕的局面，因而深陷恐惧怀疑的旋涡，还不断要求对方证明，这样很容易就被人戴上一顶很"作"很"难搞"的帽子。

生活里，缺乏安全感的人总是格外焦虑。

别人吃嘛嘛香，在什么地方都能倒头就睡。缺乏安全感的人，心里总有事。

什么事呢？什么事都可能是值得担忧的。缺乏安全感的人，总是会担心很多事情。

不安全感如影随形，在人格深处，在潜意识里，整个人总是处于紧张状态，无法放松。

我认识一位女士，是个精明强干的人，家里家外都是一把好手，好像生活中没有什么事情会难倒她。

有一次她对我说，有件事情让她很苦恼。她老公最近爱上了喝红酒，隔三岔五就和几个好友喝点红酒，但是也喝得不多。

不过老公和朋友们喝酒喝得比较投入，酒桌比较吵，有时就会听不见电话铃声。她试过半小时里打十个电话，老公都听不见，对方回电话时，她一改温和讲道理的样子，对老公大发脾气，像个"泼妇"一样，对老公三令五申，一定要立刻接她电话，要不就不许他出去吃饭喝酒了。

　　老公对于她的反应很难理解，觉得她不至于如此小题大做，因此也不想配合改变。

　　也许你会以为，我认识的这位女士，是有点怀疑老公去干什么拈花惹草的事情，所以生气地打电话找人。

　　其实，她苦恼的完全不是老公在外面瞒着她做什么，而是不接电话。

　　"你知道吗？每次只要电话响三遍没人接，我就会陷入一种恐慌，我特别害怕他出事了，酒喝多了没人照顾也会有意外啊！害怕他遇到车祸，或者被坏人打劫……"

　　她说她甚至会联想到老公死了，出意外了，再也不会回来了。

　　"你说我是不是很可笑，可是这种感觉无法控制。"

　　外表精明强干的她，其实是一个极度缺乏安全感的人。

　　小时候，她突然被送到并不熟悉的姥姥家住了一年，这种依恋的创伤让她在潜意识中无法信任她的父母。在还没有微信甚至电话的年代，父母消失的一年，对于孩子来说，就好像是父母死亡了一样。她体验过"死亡"，体验过待在陌生环境中的孤独和死亡一般可怕的"失控"，这些经历和体验烙印在她的内心深处。她的依恋模型，也就充满了"不安全"的意味。

当电话那一头无法接通，她无法第一时间听到丈夫熟悉的声音时，这种情境犹如接通了一个开关，让她一下子就再次体验到当年只有 4 岁的自己见不到父母时感受到的对"死亡"和"永别"的恐惧。

她当然害怕，那是足以淹没一个 4 岁小女孩的巨大害怕。这种人格深处的不安全感，根本无法用理性去抵挡和控制，潜意识里本能产生的冲动会让她马上不顾一切地要摆脱这种可怕的不安全感。

她会很不理性地联想到各种极不可能发生的可怕后果——老公进医院了，老公和别人打架了，老公回来路上被车撞了……她害怕老公会突然不见，就像当时的父母突然丢下她消失一样。她曾经的恐慌体验让她一直不停地打电话，一直打到对方接，让她一改温和讲道理的常态，对不接电话的老公大声斥责。

2

如果你让一个缺乏安全感的人尽情放松自己，他一定做不到；如果你让一个缺乏安全感的人不要在没必要的事情上担心，他也一定做不到。因为这不是讲道理就能解决的"害怕"，是灵魂深处本能的"不安全感"和"无法确信"。

我认识的这位女士，要改变，只有让安全感慢慢建立起来，这是一个漫长的成长和修复过程。

简单一点的话，她的先生若能理解她这种不安全感，不要在电话里面玩失踪，或许就不会再看到自己的老婆如此不讲道理和情绪失控。

缺乏安全感的人，总是会体验到一种失控的威胁。关系失控、健康失控、财务失控、安全失控、心理状态失控，只要有一点风吹草动，他们就能嗅到一种失控、崩溃甚至毁灭的味道。

失控感如此可怕，又常常被他们体验到，所以他们经常处在一种不得不"防范失控"的状态下，也就变得神经紧绷、格外焦虑。所以缺乏安全感的人，比一般人活得要紧张很多很多。

安全感究竟是什么？我再讲个故事，也许你会更明白，它是怎么建立，又是怎么出现问题的。

前段时间，我和一个好朋友在外面吃晚饭。

正吃着饭，好朋友的手机响了。是他爸爸打来的电话，他爸爸已经70岁，和他妈妈住在另一个小区，他爸爸身体不好，肾衰竭，长期透析已经三年。一直都是他妈妈在照顾他爸爸。

我知道他父母的感情不是很好，听他说父母年轻的时候就经常吵架，爸爸对妈妈态度欠佳，妈妈对爸爸也多有怨言。

当时电话响起，我朋友一脸烦躁，接了电话之后一句话都没有说，大概过了三十秒就直接把电话挂了，我很惊讶地问他："怎么你都没说话？"

他说："我爸打来的，晚上又和我妈吵架了，我不想搭理他们，也没啥可说的。"

然后，他若无其事地继续和我吃饭。电话铃响了两三次，他都没接。一边的我，却比他还紧张。

我想的是，他父母吵架，这么晚了，要打电话找他，那应该是事情很严重了，可想而知，那吵架的场面可能已经失控了。

我脑海中浮现出这样的联想——他爸爸会不会打他妈妈？他妈妈会不会崩溃？会不会夺门而出？他爸爸身体那么不好，如果他妈妈生气跑出去了，他爸爸这么晚一个人在家会不会有什么危险？摔倒怎么办？心脏病病发怎么办？

我的脑子里出现了很多负面的可怕的事情。这是因为我内心体验到一种"濒临失控"的感觉，因此会为他父母担忧，而他若无其事地吃完饭，再也没提这事。

我们各自回家，第二天微信上我问他："后来你给你爸爸回电话了吗？吵架的事解决了吗？"

朋友说："哦，后来我接了我爸一个电话，他给我说，事情已经解决了，我妈那会儿已经给他弄药吃了。你怎么还想着那事呢？"

这就是我想说的故事。不安全感会引发焦虑。缺乏安全感的人都很焦虑。我的朋友一直就是一个很淡定、很有安全感、一点都不焦虑的人。相对于他而言，我明显属于更焦虑的那种人。他的世界里没有什么"失控"，而我的世界里，却是有的。

做了心理咨询师，也做了很多个小时的个人体验（咨询师自己的心理咨询），慢慢觉察自己修通之后，原先的那些焦虑感少了很多。我也常常开导深陷焦虑的人如何换一个角度去看待可怕的现实，如何缓解自己"不能承受的恐惧"。但是我的朋友，他显然是不需要经过这些思考的转化，不需要经过认知的改变，也不需要经过任何觉察的。他就是那种毫不焦虑的人，或者说他就是那种天生就很有安全感的人。

3

为什么他天生就很有安全感？和他原生家庭的养育究竟有什么关系？

我之所以说这个故事，是因为在这个故事里有"建立安全感"的答案。

朋友的父母爱吵架，吵了一辈子，但结局是，他爸爸打来电话告诉他什么事也没有发生，事情已经解决了，他妈妈回来给他爸爸煮药了，一切恢复正常。

夫妻间免不了争吵，婚姻总是充满磕碰的，大多数家庭都是这个样子。

作为原生家庭里的孩子，我们小时候看到父母吵架，就会感到惊恐和害怕，那种害怕的感觉就好像是天要塌下来了。我们会怀着忐忑不安的心情，去看父母的反应。

而我和这个毫不焦虑的朋友的童年遭遇最大的不同就是，尽管他的父母也吵架，但朋友家的天没有真的塌下来。他爸爸说，没事了，一切恢复正常。没有激烈的场面，没有可怕的话语，没有失控，没有离家出走，他妈妈还是一如既往给他爸爸做饭弄药了。他熟悉这样的结局，他小时候就是这样过来的，父母争吵，过会儿就好了，不会真的有特别糟糕失控的事情发生。

而我的童年，很多次因为父母的争吵，体验到了那种"天要塌下来的毁灭感"。

在争吵的过程中，父母会摔碗砸锅，会威胁"你死我活"，就像真的会这么做一样。在我小时候，父母吵架引发的结局就是父亲夺门而出，然后去出差，可能过一两个月才回来。

而对于孩子来说，这样的离开太可怕了。他无法分辨父母在气头上说的话的真伪。

在孩子看来，父母的话都是真的。当父母吵得特别可怕和激烈，场面失控时，也许对父母来说只是吵架，他们只是说说而已，不会真的去死，但对孩子来说，就是天真的塌了，毁灭了。

4 如果一个孩子长期待在这种"濒临崩塌"的边缘，如果父母维系的家庭透露出一种极度危险且随时可能失控的气息，那么孩子又如何获得安全感呢？他整天体验到的都是惶恐害怕，这种感觉蔓延进人格和潜意识，当他再遇到类似情境时，就会被触发。

父母当然会吵架，哪对父母不吵架，我们不可能要求自己成为不吵架的父母。有的父母自己带不了孩子，也会把孩子放在家里老人那里过渡一段时间。

但最重要的是，吵架也好，将孩子放在老人那里也好，不要让这种经历变成孩子内心的创伤，变成他人格的一部分。

父母体验到孩子的感受，了解到——他可能会害怕，并且这种对失控的害怕就如同对死亡的恐惧一般。如果爱孩子，在意他的心灵成长，那么吵架的时候，就不要一味顾着自己发泄或者为了威胁对方而做出失控的举动，一言不发地离家出走，说威胁的话。因为你的孩子会信以为真，在心里留下"天塌下来"般毁灭性的创伤。他的安全感基石会随着大人的失控而瓦解。

我前几天收到一个妈妈的留言，问我"如果离婚，如何避免单亲的孩子受到伤害，保护他的心灵健康"。

我想说，离婚是父母结束夫妻关系，但这并没有改变父母和孩子之间的亲子关系。

父母之于孩子最重要的职能，是保护。

无论是否离婚，撑起一片安全感的天空，让孩子感觉到安全、平静，让孩子从妈妈或爸爸的眼神里确认——就算今天我换了一个地方居住，和妈妈或爸爸居住，一切都会很好很稳定，不会失控。我的父母都一如既往地值得我信任和依赖。这就是对孩子最好的保护。如果没有这样的环境，离婚或不离婚，对孩子来说，都是灾难。

最后，我想对那些童年经历了很多次"天要塌下来的感觉"，还有那些曾经被父母放在陌生的环境，体验过"父母死了""我被遗弃在世界角落"的人说：

你觉得这个世界不安全，是有理由的。不是你特别"作"、特别奇怪，而是你从小获得的养育并没有帮助你建立好人格深处的安全感。这不是你的错。当我们长大后，再去建立潜意识的安全感，这是困难的、漫长的过程，因为我们需要和固化的不安全感做斗争。

你的潜意识坚信这世界是不安全的。你要做的是自我对话。在濒临失控的边缘，尝试去告诉自己，这种失控来源于童年的体验，而不是当下的现实。

最重要的是理解，而不是改变。

接纳自己的不安全感，安抚它，照顾它，让它存在。当你一次次体验到可能出现的失控其实并不会真的失控，体验到自己也慢慢拥有了掌控感，体验到即便失控了，你也不会粉碎，你就能慢慢适应和承受，你的感觉就会好一些。

这种情绪，才是真正的谋杀者

有时候你无法阻止别人对你的伤害，
但也不要成为他人伤害你的同谋，
可以改变自己，
但不要攻击自己。

抑郁症，除了生物学、心理学方面的成因，很大一部分原因来自强烈却无法释放的负面情绪。这种情绪反过来也会作用于一个人的神经系统，改变神经的正常运转。

生理加心理原因，最终造成抑郁症，它不是无中生有或者只要想开了就能治愈的疾病，它是一种"大脑的失调"。

我经常说"好人容易得抑郁症"，因为他们不大会攻击别人，他们的负面情绪无法释放，往往会造成对自身的攻击。

很多人可能难以觉察"自己对自己的攻击"，这恰恰就是这种攻击会作用于潜意识，让一个人陷入抑郁的部分原因。我们难以觉察攻击，也就难以阻止它。

如果一个人在"无意识"的情况下用大量的负面能量对自己不断地攻击，不懂得向外表达和发泄，也无法觉察、整合，那么就会增加患抑郁症的风险。

可是，究竟什么是对自己的攻击？一个不懂得攻击别人的人，又是怎样攻击自己的呢？

这个关于攻击的故事，可能是这样的：主角 A 是一个很害怕争吵的人，因为在她的原生家庭，大人很喜欢吵架，她一直在做大人的"黏合剂"，或者绝不惹事的好小孩。

她从不会指责吵架的父母，因为父母总是不断在她面前陈述各自的不容易、艰辛和付出，所以她别无选择，她不想做个伤害父母、给父母添乱的坏小孩，于是她要求自己绝对不能有情绪，不能提出过多的要求，不可以让父母担忧。

她没有表现得不开心，也没有任何攻击行为。后来主角 A 长大了，将这种原生家庭已经形成的潜意识模式无意识地移植到她生活的方方面面，无论是对公婆、朋友还是同事，她都会不自觉地察言观色，希望对方能够因为她而快乐，不要因为她而有一丝不舒服。

她犹如强迫症一般地这样去做，从不和人吵架，从不指责别人，从不表达自己和其他人不一样的需求。

但是，在她接触的所有人里面，包括父母，难道从未有过对她的伤害，对她的攻击，对她负面的投射？难道所有人一直都是以她真正喜欢的方式在对待她吗？

这当然是不可能的！

在生活中，我们无时无刻不在接触他人的能量投射给我们的各种想法、各种情绪，比如违背事实而对我们做出的判断，比如看似请求实则是要求的"情感绑架"，比如父母或伴侣在很多事情上对你的过分期待，比如与朋友之间看似和谐其实只允许你对他表达认同的病态友谊……

这些都是会让一个人感到不舒服的东西，如果这个人不去处理，只是回避，然后不断地去满足他人，以为这种负面的能量就会在隐忍、大度、乐观里自行消化，那实在是一个大大的误区。

它当然不会自行消化，除非你去处理它。比如撑你的，你撑回去了；过分的期待，你戳破了；经过伪装的胁迫，你拒绝了。即便你没有向当事人直接表达，而是书写出来，或向咨询师表达，都算是一种处理。如果不表达、不处理，你就是在伤害自己，在接近抑郁。更可怕的是，你会攻击你自己。

很多人也许会问，这是一个和压抑自我有关的故事吧？为什么是和攻击自己有关的故事呢？主角 A 应该心疼自己啊，她怎么会攻击自己呢？当然会。

有一个曾经罹患抑郁症后来康复的来访者，在某次咨询中，像上次咨询一样，向我控诉了一直控制他、干涉他的父亲，并沉浸在对父亲强烈的恨意里。

听完后，我说："我感受到你的恨意，但是你心里除了憎恨那个无视你想法、一直想干涉你生活的父亲，你会不会同样也在憎恨那个无力反抗、没有办法好好表达自我的自己？你是不是也在自责你不能去对抗你的父亲，从而保护你自己？"

他看着我，怔了一下，默默点头，然后泪流满面。

主角 A 会对自己进行攻击，是因为她一直在隐忍妥协，照顾别人的情绪，却从不照顾自己，由此产生的不愉快、难受和自我的被剥夺感，导致她非常憎恨这个无法保护自我、表达自我的自己。

每一次被伤害，她都会责备自己的懦弱；每一次被别人的情绪弄得不舒服，她都很清楚，她其实无法要求他人，但是她至少应该表达出自己的态度，可是她做不到，她对于这个"永远做不到"的自己非常讨厌、不满甚至憎恨。

这就是自我攻击。

这样的我们不但会被别人伤害，还会因此攻击被伤害却无力还击的自己。

我也许无法用一篇文章真的帮到这样的你，这是遗憾。但是看到文章的你，如果有觉察，就会减轻对自己的攻击，这是希望。

一切都是有因果的，也是有某种必然联系的。你无法选择的原生家庭造就了这样的你，你过去做的选择造就了今天的你。

有时候你无法阻止别人对你的伤害，但也不要成为他人伤害你的同谋。你可以改变自己，但不要攻击自己。

不爽全世界的你，
其实是不爽自己

一个内心和谐一致的人，
和外部世界也是和谐一致的。
所谓成长，
就是有能力去平息自己内心的冲突，
去接纳那些不一致的部分。

大部分总是感觉处于痛苦煎熬之中或总是处于愤怒状态的人，都是由于内心有一种冲突，而他们又无法平息这种冲突。那么这种内在的不和谐、不统一，一定会延展到他的外部世界，以挑衅别人、攻击别人、抱怨别人或与他人起冲突的方式呈现。

也就是说，当一个人的内在世界不和谐时，他的外在世界，也会充满不和谐的人、事、物。

如果你身边有一个人常常被激怒，或常常愤怒，你可以这样去想他：也许那是因为他内心本来就有很多对立和冲突累积起来的愤怒的能量。而他自己恐怕既没有清晰的意识，也没有办法平静地表达，于是在"无意识"中，这些愤怒的能量会流淌出来，蔓延到周边。

当一个人对你出言不逊、挥枪舞刀冲你来的时候，你可以回击他，可以躲开他，可以不搭理他，可以事后找他算账，但千万别在第一时间就用他的出言不逊来伤害自己，也别怀疑自己特别糟糕，更别责备自己没让他满意或是惹他生气了。

因为，他很可能只是无法调节自己内心的冲突，自己内部不一致的状态令他无所适从、充满情绪，所以这个人才会对外部世界出言不逊。

不是说要原谅他，你可以该干吗干吗，绝不姑息任何一个让你不舒服的人，但是不要过于在意和纠结一个人在把内心世界的冲突外化的时候，对你发起的那些挑衅和说出来的那些指责的话语。

毕竟，让你难受的，往往是因为你太在意那句话的对错，太认真去看待他对你的评判。

可能你不会想到，他其实是受到内心冲突的驱使，根本控制不住自己在说什么。

不知道你可曾有过这样的体验：心情好的时候，看天格外蓝，觉得空气格外清新；更重要的是，心情好的时候，你会格外宽容，格外不在意别人的错误。你看见的都是好的,不好的都被你忽略了。你和世界的关系友好了很多。

心情不好的时候,天气是令人讨厌的;空气是有污染的;环境是喧嚣吵闹的;服务员是怠慢的;停车位总是难找的;公共服务设施的设计是愚蠢的;还有,眼前的那个人说什么都是你不爱听的。你看见的都是不好的,好的都被你屏蔽了。

感受一下,是不是这样呢? 其实,很多时候,外界因素导致你不高兴,只是因为在内心深处,你对自己很不高兴。

同样的,一个人对你很不高兴,好像你做的事情、说的话都有问题,他要处处否定处处反驳,那是因为他的内心世界正处在一个很糟糕的状态。

而在当下和他有关联的你,则是他这种状态的外显。这种糟糕的冲突,也呈现在他和世界的关系里。

如果他总是这样,那就说明这个人内心长期有着不协调、不和谐的事情一直在困扰着他。

或许是原生家庭造成的糟糕的模式;或许是他长久以来逃避的一些棘手的问题;可能是他压抑的部分,长年释放出负面的能量;可能是他正在跟自己的价值观打架;也可能是他很不满意现在的自己。

我有一个朋友,以前说话很喜欢抬杠,那种抬杠是有攻击性的。

别人说："××穿的那条裙子还挺好看的！"她说："是吗？我不觉得。她一向服装品位不怎么样。你觉得好看？"

别人问："晚上约哪儿吃饭啊？"

她说："你们定呗，上次我说去××吃饭你们后来也没去啊，别问我了！"

别人问："你的新工作最近累不累啊？"她说："工作能不累吗？你说什么工作不累？"

听出来了吗？这样的对白，是不是"说不上哪里不对，但就是让人感觉不舒服"，你听到这样的回应，是不是会觉得自己被顶了一下？好像她没有骂人，但还是让你很难受，传递给你一种不舒服的感觉？

其实这样的对白说明了这个朋友处在一种内在极不平衡、极为冲突的状态。当一个人的内在冲突很大的时候，就会释放出强烈的能量——冲突性的能量，这种能量会转化成攻击性的或者负面的情绪。

这位爱抬杠的朋友，当时处在一个不大好的能量里，她内心冲突的根源是：33岁还单身的她不满意这样的自己，也承受着来自父母的不认同和压力；但她内心的一部分却渴望自己能够坦然地接受单身的状态，保持自己的独立性，因而总是想表现出一种无所谓、不在意结婚这件事的强大。

可是她其实是矛盾的，她总是处在一种自我责备（"我为什么还没有结婚"）和自我说服（"结婚有什么好的，不结婚又有什么关系"）之中，好像有两个自己在说话、在吵架，又没有一个能够完全占上风。

如果她完全认同父母，也许就只会觉得焦虑——"我一定要赶紧结婚"；如果她完全认同婚姻只是众多生活方式的一种，她就不会那么在意父母给她的压力。可是她无法让自己完全认同其中的一部分，这种胶着的冲突感，在她内心拉扯。

这种强烈的不一致，短时间内又无法达成一致，令她觉得难受。自己的一部分和另一部分打架，所以她会不自觉地将这种难受延展到外部世界里。

对别人气势汹汹，可能是因为对某部分的自己气势汹汹；对别人指责批判，可能是不满意某部分的自己，对自己指责批判。

为什么有些人喝多了酒会打架，而有的人就不会？如果一个人内心有很多冲突和争斗，无处诉说，也表达不出来，烦躁地跑去喝酒，那么喝酒之后，打架的意识就被激发出来，于是就打架了。

不是因为喝酒了要去打架，而是因为内心本来就在不断打架，但光在内心打还不够，喝了酒，就可以将潜意识的打架表现成现实层面的打架了。这也是一种表达和发泄的方式，只不过后果更严重。

我的朋友现在不那么爱抬杠了，因为她接受了自己单身的状态。她说她认命了，不再逼迫自己一定要在某一个时间段嫁出去。而且她觉得，即使真的一辈子单身，或许也不是不可接受的。

不管她是如何让自己接受的，至少她内心冲突的根源消失了。

所以，尽管她说话还是有点冲，但没有那么强烈的"我就是要让你不爽"的感觉了。

心平气和地交流，是我们每一个人都向往的状态。但其实，这不是一个很低的要求。如果一个人大部分时候都可以心平气和地与别人交流，那么至少在这段时间内，这个人处于内在一致和谐的状态，没有遇到什么冲突或考验，要么就是这个人真的非常成熟、强大，拥有整合内心各种冲突的心理能力。

为什么越亲密就越多伤害？因为大家往往会和不熟的人尽量保持社交性的"心平气和"，就是表面的那种平静和谐。这毕竟是一种约定俗成的社交礼节。内心压抑了这么多冲突，那么面对亲密的人、不会离开自己的人时，就再也藏不住，便会将这种冲突开闸放出。没有谁是坏人，但这种开闸放出，很多时候是这个人的大脑根本控制不了的行为，至少，不是故意的。

如果你意识到自己总是这样，那么于你而言，解决自己内心的冲突是让你和他人关系和谐的根本。到处找他人的毛病，将冲突释放到所有地方，并不能消解你内心的冲突。

如果你发现有人总是对你恶语相向、处处指责，令你黯然神伤甚至怀疑自己，那么你可以观察和体验一下，或许是这个人自己与自己发生了很多冲突，将矛头转向你不过是他内心不和谐的一种连带反应。

这样你是否会好受一些?

现实生活中，冲突总是不断的，并没有完全不存在冲突、完全和谐的人生。只有更多地接纳自己、接纳他人，才可以让内心的冲突减弱能量，让自己更舒服，也让别人更舒服。不与自己为敌，也就不与世界为敌。

"你说的都对，
   但我决定不这样做"

你平静地坚持自己，
因为你知道，
你本来就有坚持自己观点的权利，
你不需要得到别人的允许。

1 自我界限是什么？

举个极端一点的例子吧。朋友 A 对朋友 B 说了很多，以证明 A 说的是对的，A 希望说完之后 B 能够理解，并希望 B 按照 A 说的调整自己的行为。B 听完之后，觉得 A 说的也很对，他能理解，也觉得有道理，但是 B 表示："虽然你说的是对的，可是我还是没有办法这样做。"B 这样说的时候不带负面情绪，因为他的确理解 A 的意思，但是站在自己的角度，基于自己的情况，他得出的结论是：

"你说得对，但我还是不能这样做。我基于我自己的状况选择了不做，并承担我'不做'可能带来的后果。"

即使别人的观点是"对"的，"规则"是成立的，我也可以根据我的实际状况和感受，选择不去遵循那样的观点行事，选择不去按照那样的规则行事，并承担后果。这就是一个人自我的界限。

大家看完前面对自我界限的诠释，就会发现几个要点：

首先，一个人要有自我界限，就必须有内在的价值体系、规则体系，并且这套体系必须是个人所坚持的，不容易被人侵蚀和影响的。比如几个闺蜜约晚饭，小红觉得晚饭一定要早点吃，六点整必须吃，因为早点吃有利于消化，也有利于减肥。并且小红表示吃得晚了她会不大舒服，感觉消化不了。小白想晚点吃，最好七点到七点半开始吃，因为她的作息时间和小红有些不同，基于工作原因，她的作息习惯是晚睡晚起，并且很难改变。她通常夜里一点多后才能入睡，如果六点吃晚饭，十二点她就会很饿，饿了就会忍不住吃零食，这样也不利于她消化和减肥。小蓝赞同小红的观点。小黄则表示，早吃晚吃都可以，她都无所谓。

2 四个人，在一件很小的事情上，其实已经有了三个完全不同的观点和立场。那么什么是坚持自己的价值和规则体系呢？

　　小红的规则体系是，人要早睡早起，健康饮食，早点吃晚饭，有利于消化。这听起来是很正确的。如果小红用自己的规则体系跟小白说："这样比较好，你也应该早睡早吃，早点吃晚饭，晚睡的情况要改，晚上吃零食的习惯更要改。"

　　听起来小红说的也很对，很有道理，那么问题来了，小白在这个情景下依然能坚持自己吗？答案是，如果她依然能"守住彼此的边界去坚持自己"，那么她就是一个自主性很强的人，是一个不会被别人的价值体系影响的人。

　　如果小白坚持自己，那么剧情往下可能就有一些不同的发展。她会表示，自己很难早睡早起，早吃的话晚上会饿，所以希望朋友们理解她。如果这时候其他几个人不愿意迁就和理解，她就会感到很生气、愤怒，觉得自己对朋友而言不重要。一件小事情由此引发了很多的情绪。

　　——这不是自我的界限，这是和别人的粘连。坚持自己不代表必须得到他人的认同。坚持自己是个性化表现，别人当然也有不理解你的权利，因为别人也在坚持着自己。所以这样不算是"守住了彼此的边界"。

　　如果小白表示，自己很难早睡早起，小红的生活习惯很好，但是自己的生活习惯不是这样，也许不那么好，可这就是自己目前的生活习惯，所以如果要聚在一起吃饭，那么希望时间可以调整一下，不要每次都那么早吃。并且，她理解对方可能对她生活习惯的不认同，如果对方坚持要早点吃，她也可以再评估自己这次是否愿意配合，并且她能承受不配合可能会引起的朋友们不高兴的代价。

——注意，这时的小白没有愤怒、委屈、感到被控制，因为她很清楚别人与她的区别，知道人和人有不同的生活习惯和认知，在能认同的地方保持认同，在不同的地方保持差异。因此她没有太多情绪。她的内心平静而稳定，她接纳并维持自己的餐饮习惯。这就是"守住了彼此界限的坚持自我"。

这就是自我界限的第二个要点："守住自己的界限不代表必须获得别人的认同。"

坚持自我的前提，是自我与他人的分化。如果我们和别人就像婴儿和妈妈一样，是不能区分彼此的、没有彼此界限的、共生的，那么在这种粘连和互融的状态下，当然就只能有一种声音、一种意志、一种选择。

所以，不能分化的两个人，只能拼命向对方证明自己是对的。

3 将自己的"对"强加给对方，很多时候对方不一定会接受，反而会产生适得其反的效果。在别人的内心里，不但看不见所谓的"对方"，更加意识不到"强加",他很可能只会意识到,我说的"对",自然对所有人来说都是"对"的,这还用说吗?

这是一种巨大的认知偏差和谬误,源于人格内在的缺陷。

当一个人在对自己的"对"毫不怀疑的时候,意味着他以为自己就是全世界,自己就是真理本身,自己就可以代表他人。这是很疯狂的一种行为。

实际上,有太多的人拼命渲染自己的绝对正确,觉得自己就等于他人,全然看不到差异性的存在,这种行为是很疯狂的,不管它被假以怎样高洁美好的名义。

适合我的,未必适合你;我觉得好,未必你觉得好;我所追求的,未必是你所追求的;我所在意的,未必是你所在意的;伤害我的,未必伤害你;让我感到愉悦的,未必令你愉悦;让我感到惶恐的,未必让你惶恐……所以,坚持自我界限的难点在于,很多人坚持自己的时候,特别需要别人理解和认同他这样做是对的。这不就是双重标准吗?

本来我就不同于你,是因为你的正确不代表我的正确;可是我又非常希望,你能认同和理解我的正确也是理所当然的。这是否很难实现呢?

的确很难实现,因为这看起来非常矛盾。但上述这段话,在一种情形下,是完全可以实现的。

比如在一个专业的咨询关系里。来访者和咨询师是两个不同的人，咨询师有着自己的界限和稳定性。来访者的观点不一定就等于咨询师在生活中的价值观，但是，咨询师能够理解来访者为什么这样想，并且能表达共情和支持，即"我充分地理解和尊重你此刻在你的角度和立场上为什么会有这样的观点和选择"。

这就是涵容的心理空间。充分理解彼此的不一致，并能涵容这个不一致。这是咨询关系的功能之一。

我们为什么要进行咨询？因为我们需要在咨询关系里体验未能从妈妈那里体验到的分化和涵容。

我们体验到彼此独立却又被理解和共情的感觉，于是慢慢地也能内化这种感觉。当然，只有完成分化的咨询师才能让你体验到这样的感觉。所以，不是所有人都可以做咨询师。这不仅是对于专业，更多的是对一个人的人格发展状态和功能的要求。于是，借助咨询，或者通过对心理学的不断学习，再在关系中体验和觉察，我们慢慢完成了和原生家庭的分离，构建了比较明晰的自我轮廓。我们能涵容他人和我们的不一致，因此我们不再需要向别人强加"我是对的"，我们也不再需要接受他人强加的观点。

你不是为了植入你认为的对，也不是为了控制他人，而做出爱的行为和付出。你可以接纳对方保持他不同于你的观点，你也能够坚持你自己，你不会为了坚持自己就去攻击他人，你不去刻意证明对方是错的或坏的。你平静地坚持自己，因为你知道，你本来就有坚持自己的权利，你不需要得到别人的允许。

如果你走到了这个点，你就一定会体验到美国心理学家科胡特所说的"不含诱惑的深情，不含敌意的坚决"。

这是我见过的关于"界限"最美的句子，仅代表我的喜好。

第四章

原生家庭的和解，
不是原谅

你自己都不相信的，
怎么让你的孩子相信？

你自己都不相信的东西，
怎么让你的孩子去相信？
你自己都不争取的事情，
怎么教育你的孩子去争取？

父母将孩子带到这个世界上，并不只是负责将他养大，让他活下来并接受教育。作为母亲或父亲，需要知道的一件很重要的事情是：你的相信或不相信，你的争取或放弃，你对于人生的选择，其实都在一点一滴地塑造着你孩子的人生。

1

2018 年初热映的电影《神秘巨星》，讲述的是一个令人动容的故事。

影片里面那位会唱歌、一直坚持梦想并不断努力的印度少女尹希娅的励志故事令人动容，但更让我动容的，是这部电影中讲述的母亲与女儿之间的故事。

尹希娅之所以能清晰地感受到自己有梦想，并能够不断追求自己的梦想，是因为背后一直有母亲默默的认同和支持，有母亲力量的守护。

尹希娅关于歌唱的梦想，萌发于在她 6 岁生日时妈妈送给她的吉他。

尹希娅能够将自己的歌声带给全世界的人，并且不被专制的父亲发现，是因为妈妈卖掉唯一一条项链给她买了电脑，还帮她想出罩袍蒙脸的办法上传视频。

尹希娅能够在不利于追梦的家庭环境下（家里缺钱、父亲反对）一步一步成为备受世人关注的"神秘巨星"，是因为她实现梦想的每一步都得到了母亲的帮助和守护。

故事的最后，尹希娅能够逃脱父亲给她安排的命运——和一个素不相识的沙特男人成婚，也是因为她的母亲在最危急的时刻，终于克服了自己的怯懦，勇敢地带着她和弟弟冲破命运的藩篱，义无反顾地离开了专制暴力、重男轻女的丈夫，奔向了未知但是有希望的人生。

与其说这部电影讲述的是少女尹希娅的梦想实现之路，倒不如说它讲述的是一位没有什么文化也没有经济来源，整日被丈夫暴打的印度妇女，一点一滴守护女儿的梦想的故事。

尹希娅的成功，并不完全是因为她自己的坚持，如果没有妈妈对生活从顺服、忍受再到抗争的巨大转变，如果不是妈妈最终放弃有问题的婚姻、勇敢带着孩子离开那个专制暴力的男人，尹希娅恐怕没有机会站到颁奖台上拿到属于她自己的奖杯。

孩子的原生家庭，是他们成长的最初环境，这个环境往往在很大程度上决定了他们的认知，塑造了他们的人格和价值观。

尹希娅的母亲，是在艰难的环境中依然有梦想和信念的人。她的信念变成血液，流淌在女儿的生命里。

2　父母将一个生命带到这个世界，除了给他吃、给他穿、让他读书，还要给予孩子相信幸福的信念，给予孩子在逆境中也能看见希望，并且为之努力的能力。

因为生命的意义，不是活着就好，而应该是有希望、有信念、有追求地活着。

尹希娅的妈妈虽然没文化、没钱，却是一个很特别的女性。

很多人在错误的人生选择、日复一日的痛苦境遇、糟糕的婚姻现状面前，总觉得无力改变什么，要么就变得怨天尤人，面对伴侣、孩子，充满负面能量，要么就变得逆来顺受、麻木封闭，好像行尸走肉一般。

但是尹希娅的妈妈却没有真的绝望过、麻木过、放弃过对幸福的追求。无论是在她没有经济自主权，没钱给孩子买东西的时候，还是在她被丈夫羞辱折磨暴打的时候，她都是一个对于幸福快乐有期待，并且一直为之努力的妈妈。

她想尽一切方法，在日常生活里为孩子带来阳光和快乐，她竭尽所能为女儿争取实现音乐梦想的机会。

尹希娅说："我的妈妈很天真，就像个孩子。"这种天真，就是面对现实生活的黑暗和困境时仍然保有的一份真心。

尹希娅说，人没有梦想，活着和死了有何分别，睡着和醒着有什么分别？

最后，当带着两个孩子离开自己的丈夫时，这位妈妈对面前这个一直试图摆布控制她的男人，也喊出了同样的话语。

看起来，似乎是尹希娅这样说了，她妈妈才这样说。

但在现实中，如果这句话不是母亲内心的声音，14岁的孩子要如此坚定地喊出这样的话语，是非常困难的。父母的信念、认知和价值观，会深刻地影响孩子的人生。

因为孩子会天然地认同父母，这是他们潜意识里的本能，所以我们的信念和价值观，最初往往来源于父母。

父母对于我们思想的影响，不全是通过讲道理，更是"随风潜入夜，润物细无声"的，是无形无声、潜移默化的。因为人与人之间，其实除了意识交流（言语行动）上互相影响，还有很大一部分，是潜意识里的影响。

母亲或父亲内心深处相信什么、不相信什么，赞成什么、不赞成什么，他们的价值观、婚姻观、人生观，通过他们做出的行为和潜意识，都会在你的孩童时代、少年时代，在你的价值观和自我信念形成过程中产生影响，也会在你日后的各种人生选择中发出声音。

这就是原生家庭于一个人而言的一种重大意义。它就像植入我们脑部的芯片，永远是我们的一部分。

3

有这样一位母亲的尹希娅是幸运的。

虽然被暴力对待，被生活蹂躏，活在女性难以追求梦想的男权社会里，不知道未来在何处，但这位妈妈还是以实际行动做出了自己的选择，告别了不堪的婚姻。

现实中的很多人，就不这么幸运了，他们不一定拥有一个这样的开始。

如果你的母亲以她的各种人生选择、言行举止传递给你的是，追求梦想往往是不可能的，人生就是应该接受现实，强调自我感受就是自私，我们应该屈从于命运和现实；如果你的母亲面对痛苦只会流泪或抱怨命运和他人，只会怨恨或者悲伤，从来无力做出抗争，那么你在自我中的一部分也会不断重复这样的言行。

为什么你想要不顾一切活出自我时觉得那么难以冲破现实的束缚？

为什么你想要重新选择工作、婚姻、环境时，会陷入一种长期的纠结？

为什么你活在一段被糟糕对待的关系中，却还不断告诉自己，这一切都应该忍受？

为什么你会任由自己背弃梦想、背弃幸福、背弃对自己的真诚？

因为你的父母在养育你的过程里，不断以自己的实际行动传递出他们对于人生的信念和价值观，然后你会将它们内化成自己的一部分。

而当你的自我想要追逐梦想、做出重大选择的时候，内心的声音不只有一种，这声音里会有那个植入你大脑的芯片发出的声音（你内化的父母的价值观），以及你想要坚持的自我发出的声音。

两个声音如果是矛盾冲突的，你很可能就会陷入纠结。

如果你对父母的认同非常强烈，潜意识里无法抵抗因与他们不一致产生的内疚；如果你和父母存在共生关系，纠缠太深，和原生家庭的剥离太少；如果你没有自我分析和觉察，那么很可能你会做出和父母当年一样的选择，陷入和他们一样的命运。这就是养育的真相。

有一位读者给我写信说，她对于自己的婚姻很纠结。

她的婚姻状况也是很多人的现状。

她丈夫虽然不像《神秘巨星》中的暴力男，没有打过她，但有外遇，早已背弃了婚姻中的忠诚。她不是没有努力过，她哭过、闹过、争取过，可是她丈夫还是一直没有改变。她纠结了七八年，从三十多熬到四十，都做不了离开这个男人的决定。每一年她都要提好几次离婚，每一年她都要和他激烈争吵好几次；她想办法多买一套房；想办法多拿一点对方的钱在自己手上；想办法刷对方的卡多买几个名牌包。这些是她在这样的婚姻里一直以来找平衡的方式，或者说是逃避做决定的方式。

她说，老公经济能力强，对她和女儿都极好，出于内疚也对她们做出了很多弥补，所以她难以下定离婚的决心。

她说，她也无法说服自己真的接受这种不是一对一的感情关系，她也常常感到内心很痛苦，有时都觉得自己人格扭曲了，有时又很麻木。

她觉得自己的人生没什么希望了，她不相信自己还能幸福，还能保住这个家，给女儿一个完整正常的成长环境。

"我女儿未来能幸福就好。比我强就好。我的幸福，就算了吧。"

她问我："我就想知道，这样的婚姻对我的女儿是好是坏？"

我想对这位读者，以及有此疑问的妈妈或爸爸说，你对婚姻的态度、对人生的态度、对梦想的态度，都会对孩子有潜移默化的影响。

你自己都不相信的，怎么教育孩子相信？

你自己都不争取的，怎么鼓励孩子争取？

人不是活在道理中的，是活在对生活的体验之中的。

你对孩子说一千遍一万遍"你不要活成我这样，你一定要找个对你专一的人，一定要追求自己的幸福"，也不及你让你的孩子亲眼看到你对于不专一伴侣的反应、你对于幸福的态度和你在婚姻中坚守自我的底线。

说没有用，期望没有用，没有行动支撑的想法没有力量，你期望你的孩子怎么活，你就在你的人生里怎么活，这样最有用。

如果你对婚姻的去留陷入纠结，对人生的选择陷入纠结，想想如果未来你的孩子处在你的位置，你希望他做出什么选择？

你相信的会影响他，你放弃的会影响他，你忍受的也会影响他。

电影中尹希娅的妈妈虽然遇到了一个暴力的丈夫，担心没有钱的未来，一直被迫接受命运给予的一切，也曾表示应该顺从丈夫，从未想过离开。但是最终，她还是发出了自己的呐喊，坚持了自己的准则，反抗了婚姻的现实，突破了自己的局限。

"打我是不对的，专制是不对的，追逐梦想是每个人都拥有的权利，所以我要离开你。"这就是价值观，是选择。这种选择，尹希娅和年幼的弟弟都在看着、感受着。

如果你是一位母亲或者父亲，你的选择的确不只是你的选择。你的选择，你所依据的准则，你的态度和你的信念，你的孩子也会看着。

这篇文章的最后，我啰唆一句，在婚姻里思索自己去向的父母请勿对号入座。 每个人面临的现实和自我各有不同，此章最后一个案例，仅适用于出于对孩子的顾虑而维系的对父母来说已经无意义的婚姻关系。

但是，有很多人之所以不离开有问题的婚姻或者伴侣，其实除了孩子，更多原因是自我对于婚姻关系的需求，两个人之间矛盾而又相互吸引的关系，或者自己极度的不安全感，等等。这样的读者请不要将这篇文章当作一种要求。

毕竟，每个人都处在自己的人生状态里。

"好妈妈"
这三个字还没压倒你吗？

谁都知道妈妈对于孩子来说，很重要。

但妈妈也是个普通人。

妈妈是养育者，

是原生家庭的核心。

可是妈妈从哪里获取源源不断的能量，

来提供给无时无刻不在寻求支持和关注的孩子？

如果我对自己好一点，

我就不再是一个无私奉献的母亲？

这个问题，在你这里，

可有答案？

1

我们在谈论心理问题的时候，常常会涉及原生家庭。

在我们谈到原生家庭的时候，有一个词是绕不过去的，那就是"妈妈"。

我们越来越了解到原生家庭不只是赋予一个人遗传基因，更重要的是在养育的过程中，在人生的最初几年，它会塑造一个人的人格、性格、思维方式，还有一个人的认知图式，甚至包括他的脑回路、脑神经系统。

"妈妈"这个词何等重要。因为妈妈就是这个养育过程中最直接的供给者，也是原生家庭的核心塑造者。

但往往就是因为这个词如此重要，给她们造成了很多困扰，带来了巨大的精神压力。

当大家有了一些心理学认知的时候，就会发现，"想要做一个好妈妈"和"能不能成为一个好妈妈"，中间其实相隔着很远的距离。

对一个女性来说，不是简单的"我应该"或者"你应该"，就可以让她成为一个好妈妈。

我们不能只是要求一个女性必须成为一个好妈妈，而是应该先弄清楚，一个女性和一个能提供好的养育方式的好妈妈之间，隔着怎样的"心理距离"。

我有不少来访者在这样的问题上都存在着很大的困扰。她们因为自己的一些性格问题、内心的创伤，还有生活中遇到的一些问题而深深地意识到，自己并没有一个非常好的原生家庭，并没有得到非常好的养育。所以当她们自己成为妈妈的时候，就非常不想再犯那样的错误。

但实际上当她们成为妈妈的时候，她们又发现自己没有办法做到完美。她们可能比自己的妈妈好一些，但是距离自己的预期却非常地远。

不管怎么努力，还是错漏百出，问题层出不穷，很多时候她们都是在勉强往前走，但是越往前走越觉得和孩子在一起是一种负担。

一方面想成为"足够好的妈妈"，一方面又觉得给孩子的陪伴、对孩子所有的给予，都带给自己一种巨大的压力。

这就是我遇到的不少来访者和我身边的不少女性一种共同的状态。

2

无论是作为妈妈，还是作为妈妈的伴侣或家人，我们除了要求一个妈妈做一个好妈妈，还需要知道，是不是一个妈妈只要想成为一个好妈妈，她就可以？

我想答案是否定的。对于妈妈来说，她也需要认识到自己的局限、匮乏、不完美。她们不是神，她们不可能一生下孩子就给得出自己从未好好得到过的东西，比如优质的陪伴、稳定的承托、足够的耐心和高度的关注。

一个妈妈能够建立以上这种认知，就是一种对自己的接纳。能够接纳自己不是一个完美的母亲这件事，才能对孩子拥有接纳功能。

接纳的功能在妈妈养育孩子的功能当中，其实是最重要的。

如果我们看到一个母亲二十四小时陪伴着孩子，我们不能说她给予孩子的养育就是足够好的。

这只是旁观者看到的，但不是孩子自身的体验。

如果在二十四小时当中，母亲总是人在心不在；母亲非常焦虑；母亲只想着把照顾孩子的事情赶紧做完，不要出错；母亲特别害怕孩子有任何的状况，害怕他哭泣或者生病；母亲如履薄冰……在这样的状态下，孩子感受不到母亲的接纳，他只会非常紧张，被迫做一个完美的孩子，去安抚母亲的情绪，他感受不到母亲的平静，感受不到母亲对他的承托。一个焦虑的母亲，她自己本身是匮乏的，她在焦虑的当下，没有能力给孩子更多的爱和关注，即便她整天都和孩子在一起。

3

在这一段很长的铺垫后，我想讲一个我收到的读者留言。我想类似的故事会发生在很多的家庭里。

给我留言的是一个妈妈，她有两个孩子，一个 4 岁，一个 2 岁，两个孩子都非常黏她，也很顽皮。她是一个全职主妇，在家里带孩子，她感觉非常疲劳、力不从心，她的丈夫因为工作压力很大，常常一回家就玩手机，或者在沙发上躺着，要不然就是因为工作，应酬到很晚才回来。

家里人并不理解，这个妈妈为什么疲劳？妈妈曾经想过向自己的家人寻求帮助，比如丈夫，但是丈夫表示自己没有时间，所以她让自己的公公从老家过来帮忙带孩子（她的婆婆在给她丈夫的妹妹带孩子），结果她发现自己的公公并没有什么带孩子的经验。

有一次公公在抽烟，一个没注意，孩子就被烫到，受了一点小伤。所以她也没有办法放心地把带孩子这个事情托付给她的公公了，她的先生也不能帮他分担，她觉得越来越累，能够给予孩子的能量也越来越少。

这个妈妈写信给我，她说她很想有自己的时间，能够整理一下自己的生活，跟朋友去见见面，或者一个人待着，出去运动、逛逛街，但是每一次她想要这样做的时候，一方面家里人不是很理解，丈夫会说："你怎么又出去了？"另一方面，她自己也会非常自责，觉得如果她把两个孩子放在家里，让丈夫或者公公照看，自己出去玩，她就会感觉自己不是一个好妈妈。她觉得无论是先生、公公，还是保姆，他们能够给予孩子的都不如她多。

"对孩子最好的不就是母亲吗？我在这个时候其实是责无旁贷的，应该一直陪着他们。同时我又觉得我很需要自己的时间，可我觉得这样想非常的自私。但我不想一直陪着我的孩子，有时候我甚至觉得不想带孩子！"

她精疲力竭，非常矛盾。

我想对于很多妈妈来说，在爱自己和爱孩子之间，有时候就是存在矛盾的。我觉得有矛盾并不奇怪，不能因为妈妈有"我想出去玩，现在不想带孩子"的想法，就说她是一个自私的、不爱孩子的妈妈。在"爱孩子"和"爱自己"这两件事上，有时候的确是有冲突的，需要做出取舍。

从现实层面来讲，如果一个妈妈在下班之后拥有两个小时自己的时间去健身，或者去做美容、去散步，那么她回到家的时间就会晚两个小时。

当妈妈拥有了两个小时的自我时间时，孩子得到的有妈妈陪伴的时间就会少两个小时。

从现实层面看，这个矛盾似乎是不可调和的。循着这种思路，如果妈妈要爱自己，孩子得到的陪伴就会有某种程度上的缺失。但是，我们必须要意识到，妈妈的存在价值不仅仅体现在陪伴孩子多长时间上。

一个妈妈如果状态不好，比如她焦虑或者抑郁，她自己的能量很匮乏，这样一个妈妈陪着孩子，孩子的世界就会变得阳光明媚吗？不会的。

这样的陪伴，不是好的陪伴。因为孩子会被母亲深刻影响。

4 一个刚出生的孩子，需要很多的关注、爱护和发自内心的接纳与喜欢。这种时刻都有回应的爱护与养育，给了初生生命最好的滋养，也奠定了一个个体早期安全感的基础。

很多人在成年之后，因为安全感缺失而备感焦虑，因为价值感低而无法进入亲密关系，这些都跟他们小时候得到的爱太少有关。

然而当孩子饥渴地寻找爱时，妈妈是否有完全满足孩子的能力？还是说这完全是母亲一个人必须去解决的事情？这个妈妈在没有其他人支持的情况下，有足够的能量给予这个孩子吗？

这一系列问题的答案是因人而异的。对于很多有童年创伤，自身很匮乏，比较焦虑，追求完美，害怕自己不够好的妈妈来说，她们给予孩子的能量是有限的。不是她不想给，而是她给不出。每一个妈妈在主观上都想成为一个好妈妈，但是她给不出，或者她给得很勉强、很辛苦，没有办法长时间地、稳定地、足够地给予孩子能量。

孩子在生命的最初几年，对于被关注的需求是非常饥渴的。我们可以想象一个年幼的动物在拼命吮吸奶水的情景，就是这样的一种饥渴。

因为他要成就自己的生命，所以他就会本能地争取大量的能量。当一个孩子发出自己的需求声音时，他需要迅速得到别人的回应。很多时候回应的人就是妈妈，但回应同样也是有能量才能给得出。

如果一个妈妈很匮乏、很疲劳、很孤独，常常陷在深深的黑暗里，那么她不可能真正充满热情。可想而知，她回应孩子的能量是多么的微弱。如果没有能量的补充，没有别人（家人、保姆等）的帮助，此时这种持续的对孩子的给予，对妈妈而言就是一种"只出不进"的消耗。

所以当我们遇到这样的状态，需要去思考的一个问题是，妈妈是不是应该理所应当地被消耗。在很多人看来，就母亲这个身份来说，即使为了孩子将自己消耗殆尽，似乎也是义不容辞的。但我们必须清醒地认识到，如果一直这样去消耗一个母亲的话，母亲给予孩子的就不可能是非常好的养育。

这就好比你非要让一口枯井不断地出水，出来的水够一个人喝吗？够喝多久？

所以向我提问的妈妈，我觉得她提出了一个很多人想提的问题。

其实她想表达的是——"我需要有人可以帮我"。这是她生活中现实层面的需求，她需要有人帮她一起陪伴孩子，帮她一起去回应孩子的需求。

更重要的，她想表达的是，她从自己的内心层面发出的呼救——需要有一个人去理解她、关怀她，了解她精神上的匮乏无力，看见她的勉力而为，然后能够认同她，去稍微关怀一下她。

也许她的丈夫不能每天在家帮她带一个小时孩子，这是件很现实的事情。

有些人是因为工作，也有一些人是因为自己的一些心理或者人格问题，没有办法进入父亲这种养育孩子的角色，没有办法真正和孩子待在一起，去回应一个孩子的需求。但是作为一个丈夫，至少可以给予妻子一些理解。你不一定是这个问题的解决者，但你要承认，你的妻子的确处在一个勉力而为的状态。

如果有人能够看见这个妈妈是如何的勉强，如果大家看到她的不完美，不是因为她不想做一个好母亲，而是因为她自身能量的局限，她的世界里没有足够的能量去支持她成为一个不断给予的妈妈。对这样的妈妈来说，哪怕是丈夫的一句关怀，也是一种支持、一种给予、一种能量的提供。

对于一个妈妈来说，养育子女就是她的责任。但是对于一个女人来说，她能不能做一个好妈妈，却不完全是她主观想办法就能办到的事情。我们要看到这个自我，这个个体，她的特异性，她的需求，她有没有得到滋养，有没有能量。

所以，这就是我想对向我提问的读者，也是对其他妈妈说的，当你感到疲劳困难、难以为继的时候，如果没有别人来帮助你，那么你需要去做一些疼爱自己、关注自己、安抚自己的事情，这是一种为自己补充能量的方式。

只有这样，你才有能力给予孩子真正需要的滋养。

假如今天你晚回家两个小时是为了让自己喘一口气，调整好自己的状态，那么在接下来陪伴孩子的两个小时当中，你会是一个快乐的、有能量的妈妈。

那么，我觉得你爱自己的这两个小时，和你爱孩子的两个小时是不矛盾的。

很多原本不错的妈妈，其实是被"好妈妈"三个字压坏的。不接纳自己的真实需求，又如何给孩子提供他所要的需求？爱自己更多，才能爱孩子更多。我想，看到这里一定会有人说，那我出去玩的这两个小时，或是和朋友一起去旅行的这几天，会不会给我的孩子带来什么创伤？会不会引起他的分离焦虑？会不会造成无法挽回的结果？我明明可以留下来陪他，却选择了去逍遥快活。这难道不过分吗？

孩子是一个不断成长的个体，需要在妈妈的保护下逐渐发展独处的能力。妈妈出去两小时或者出去一天，并不是不再回来。妈妈离开，妈妈又回来，就好像一个游戏。这对孩子来说是一种慢慢适应分离的过程，也是对于他安全感建立的一个确认。

他会知道妈妈的离开不是永远的离开——当我不能够完全把一个东西抓在手里的时候，不意味着我就会永远地失去它，因为妈妈还在。

更重要的是，我们本来就无法给孩子提供百分百的完美养育，无论怎么做，可能都有一些欠缺。当你和他在一起的时候，你是真心地想和他在一起，想陪伴他，在这样的时刻，你才能够真的看见他，他才能真的感觉到他是被爱的。多制造一些这样的时刻，就非常好。

我理想的爸爸，
不只是赚钱养家

身为爸爸，其实并不是不爱自己的孩子，
而是从来没有意识到，也没有深度理解过，
爸爸给予孩子最珍贵的是什么，
也不知道，爸爸对孩子的陪伴，
为什么不可替代？

如果说，一个人的原生家庭，很大程度上决定了他感受世界和感受自己的模式；一个女孩未来遇到的男人，一个男孩未来成为的男人，都和自己生命中遇到第一个男人息息相关。但而今，"丧偶式教育"已经成为一种普遍现象。

有意思的是，当一位父亲愿意花大量时间陪伴孩子玩耍、上课、旅行，如此平常的行为，却成了被人争相传播赞许的事情。

1 　相对于妈妈来说，爸爸是完全不同的一种存在。在我的记忆里，妈妈总是小心翼翼、紧张焦虑，觉得世界到处是危险和坏人，妈妈总是像一头母狮子一样防范外界对孩子的侵害，"你不可以""你不要""你千万不能"，这些都是妈妈的口头禅。

但是爸爸带给孩子的世界，完全不同。记得小时候，很多次，我和外婆一起站在家门口的公交站，热切地期待着我爸爸回家。和爸爸在一起时的那种快乐，无人能给予。他会给我有力的拥抱；他会拿胡子扎我的脸；他在上海出差时会用一个月的工资给只有3岁的我买一件奢侈的豹纹大衣；他给我买我从未见过的最大的巧克力，我幸福地把它藏在抽屉里；他带我打羽毛球、下象棋、去河里游泳、去公园、在草地上奔跑、放风筝……

他不会对我说外面很可怕，相反，他带着我以探索的姿态去认识世界。他不会只是教我防范这个世界，而是让我站在他的身边，看他怎么征服这个世界。

这样说不是煽情的编造，而是在孩子的童年期，无不充满着对父亲这个形象理想化的仰望。如果这个时候，父亲游离在家庭之外，只顾挣钱，只顾工作，将陪伴孩子交给"带孩子的人"，比如妈妈、奶奶或者外婆，那么在这个重要的、需要依赖父亲去认识、探索新世界的时期，孩子可能因为父亲的缺席而变得怯懦、退缩、畏惧、过于谨慎和悲观。由此形成的对世界的认知也就停留在了某处。

常年忙工作的爸爸别去指责妻子"怎么把孩子带成这样？带他出去畏畏缩缩，一点都不大方，一点男孩样都没有"，因为，这本来就是爸爸去做才最有效果的事情。

2

我遇到一些很优秀、看上去自信又聪慧的女人，她们总出乎我意料地遭遇了特别狗血的爱情故事，遇到了特别渣的男人。我不自觉产生一个又一个疑问——她的父亲究竟是怎样一个人？究竟如何爱过她？是否给过她可以确信的父爱？

父亲和孩子的关系，往往贯穿孩子的人生。除开母婴关系，父亲对孩子的陪伴往往影响着孩子的安全感建立、自信心建立、自我身份认同和亲密关系的处理。很多在亲密关系中遇到"渣男"，被糟糕对待却仍然不知离开的女孩，在童年经历里，要么遭遇过父亲的缺席，要么是父亲对待家庭的方式特别糟糕。

因为没有得到生命中第一个异性——父亲足够的关注和陪伴，女孩慢慢形成了在男性面前缺乏"价值感"的人格特点，在两性关系里，会不自觉处于"自卑"中，处于"担心自己配不上对方"或者"不相信对方会对自己不离不弃"的心理模式中。

一方面希望得到很多被爱的证据来弥补对自己对女性身份的不自信和怀疑，但另一方面，又因为早年受父女关系的影响，导致潜意识深处并不相信自己能够真的被一个男人很好地爱护。一个没有在父亲面前撒过娇的女孩，要成为那种"懂得撒娇的女人"，都得走好长的一段路，有的人甚至一辈子都会有"撒娇"的障碍。

因为，她的父亲从来就没有给过她一个可以"跟我撒娇"的姿态。

"我要做一个怎样的男人？"这是每个男孩子心里的疑问。孩子会无条件认同自己的父母，而这个问题首先是由男孩的父亲来回答的。

一个父亲如果一直待在儿子的世界里，和他有沟通和交流，那么儿子就会在成长中融合这位父亲的样子（人格、思想体系等），而父亲如果总是缺席，那么儿子的成长中融合进去的，可能就是母亲嘴里父亲的样子，或者是他自己想象中的父亲。

一个父亲希望赋予一个男孩什么样的特质，最好的办法就是，让孩子看到真实的自己，亲自去影响他。如果一个父亲能陪伴孩子去爬山、徒步、探险，去探索这个世界，一起克服困难，让孩子感受到父亲的宽广和坚韧，这对一个男孩来说无疑是最佳的人生教育，胜过任何名校和补习班。

我有位好朋友，去年暑假带他8岁的儿子到著名的年宝玉则徒步了六天，在比较艰苦也有挑战的跋涉中，这位爸爸作为一种安全感的象征，稳稳地陪伴在儿子的身边。

这有助于孩子内心安全感的建立，在旅途中，爸爸也克服了自己的很多恐惧，尽力不抱怨地完成整个徒步过程，这一切被孩子深深地看在眼里，在潜意识中对父亲认同的同时，父亲体现出的男人的毅力和品质，也成了孩子将来成长为男人最好的内心动力。

男孩体验到并获得力量，其实是从父亲内心而来，是一个男人将自己积累的力量以这种陪伴旅行的方式，传递给了未来的另一个男人——他的儿子。

3 心理学有一种理论，认为心理的治疗，其实是在游戏中进行的。心理学家温尼科特说："心理治疗就是病人和治疗师一起玩。"也就是说，在重建心灵的咨询里，对于心灵的疗愈来说，游戏是至关重要的一种方式，而同样的，最好的教育是可以在游戏中进行的教育。因为教育，也是和心灵打交道。

不得不说，很多家庭里的妈妈较少有"游戏"的精神，她们往往因为生活的压力变得比较操心和唠叨，不会那么地有趣。

在中国传统式家庭里，父亲无疑是最具有"在游戏中教育孩子"能力的人。这是父亲一种天然的特质。爸爸往往比妈妈更开放、自我，更喜欢挑战，更具有幽默感，更有游戏精神。相较于唠叨紧张的妈妈，大而化之、关注点广泛并且思维跳跃的爸爸是孩子最佳的游戏搭档。

对于很多家庭来说，教育孩子，提高孩子的成绩，似乎就是父母双方最重要的事情。

很多爸爸都在做的一件事情是，拼死拼活挣钱买学区房，挤破头让孩子上最好的小学、中学，但是很多爸爸不知道，如果能够留出一些专门的时间陪伴孩子学习，并在学习中以游戏和趣味的方式调动孩子的积极性，让孩子喜欢这些挑战，或者，在一起玩耍的各种游戏中开发孩子的思维模式，提升孩子解决问题的能力，那么这种影响对于孩子来说远比学区房重要。

因为，这是对一个人思维方式的塑造，有助于心理力量的提升。改变"丧偶式教育"，不仅仅是批判丈夫在孩子教育的事情上没有帮助妻子，更要去要求爸爸回归家庭陪伴孩子。

"我理想中的父亲，不是赚钱养家就好。"当一个父亲理解了父亲存在的真正意义，那么他会成为一个更好的父亲。

当你被语言霸凌，
忍是最傻的选择

语言暴力足以摧毁一个人，
在一个人的内心刻下伤痕，
损害一个人活下去的意志，
残害一个人的身体和精神。

1

那个语言杀死植物的实验，大家听说过吗？

2018 年 5 月，阿联酋一家宜家家居和某学校合作，将两盆盆栽都罩上透明罩子，给它们营造相同的培养条件，随后将其放在校园里。

实验的名字可以叫作"人类语言的能量到底有多大"。

所有的学生，开始分别对两盆植物表达不一样的语言态度。他们被要求对牌子上写着"这株植物被霸凌"的植物进行语言攻击，然后再对牌子上写着"这株植物被褒奖"的植物进行表扬。

当然，骂人的话说得特别狠："你一无是处，是个废物！""你为什么不去死！""你一点也不招人喜欢"……褒奖的话，大家也能猜到，都是鼓励、认同和支持："我喜欢你做自己的样子！""一见到你我就开心！""世界因为你而美好"……

结果就是，三十天后，被语言霸凌的植物盆栽彻底枯萎了，被褒奖的植物还生机蓬勃。

也许有人会说，这就是个巧合，一次实验并不能说明什么。或者，过段时间，这个实验被人揭发说是假新闻。但是，尽管如此，语言暴力的杀伤力确实是存在的。

它不一定真的可以摧毁一株植物，因为我不确定，植物是否能感受到善意或恶意，但是它足以摧毁一个人。在一个人的内心刻下伤痕，损害一个人活下去的意志，残害一个人的身体和精神。

2

你害怕吵架吗？ 当一个人用语言伤害你、攻击你的时候，那么他投射给你的那股强烈的、愤怒的能量，你要如何处理？

"以和为贵"是一句很不错的话。但其实，"丛林法则"往往更适用于我们的人生。因为人的动物本能是很强的，理智控制不了大家的潜意识，我们是被潜意识中的本能控制，被情绪左右的。

　　生活中的关系总是充满着大量的投射，自己消化不了的情绪，通过各种不同的方式扔给别人，这就是很多人每天都要干上无数次的事情。

　　如果这个人每天都欺负你，你还和他以和为贵？这样的话，他的潜意识里总是会将你作为出气的对象。只有清楚了界限、规则以及违规的后果，生活中的关系才能长久。

　　怕得罪人的老好人，并不一定能拥有好的关系。他们很可能只能成为别人安放负能量的垃圾场，自己也渐渐活得没有了生气。

3

问题来了——如果一对夫妻中的一方对另一方投射了坏情绪，对其进行语言霸凌，那要不要为了小孩忍？

　　不，不需要。

　　给小孩营造一个父母很和谐的虚假世界并不会真的对孩子有好处。这种虚假世界，就算假装表现出来"我们都很好"，孩子也会觉得很不对劲。这个"很不对劲"让孩子无法整合和理解，终究还是会影响孩子的人格。

你可以做的就是尽量不要在孩子面前和对方大声嚷嚷。在孩子面前，注意说话的措辞和分寸，因为孩子的理解能力有限。比如你为了出气说"你去死吧"这样的话，孩子会觉得死是真的，你就是想杀了他爸爸。或者你离家出走，孩子会以为你抛弃了他，再也不会回来了。

理性的做法是，你可以在没有第三个人在场的情况下，以简单直接的方式，向对方表达出你的愤怒，也可以通过手机微信和短信，把你的愤怒和感受全部写出来发给对方，严肃认真地告诉他，他的语言暴力让你产生了糟糕的内心反应，影响了你的生活，也影响了你的健康，你需要向他展示一个可以预见的后果，让他了解，在他持续的语言暴力之下，你可能会采取的保护措施。

重要的是，当你遭受了语言暴力后，你要意识到，你已经受伤了，你一定要去做点什么。

而表达出"我被你的语言伤害了"是一件很重要的事情。这是对"看不见的暴力伤害"，也是对创伤进行处理的一种很重要的方式。你要将这种隐形的伤害呈现出来，给它一个定义。完成了这个过程，你会好受很多。

4 要感谢心理学，它让我们有了疗愈自己的机会，以及让自己免于遭受语言霸凌这种"隐形伤害"的机会。

为什么很多人遭受的严重创伤，都发生在童年？除了童年是人格发育的重要阶段，很多创伤会在早期被直接写进人格编码里这个原因之外，还有一个很重要的原因是，孩子遭受了不恰当的、糟糕的对待，却无法进行"我被伤害了""我很难过""你这样说我是不对的"这样的表达。

因为无法用语言对父母或其他人描述自己受伤了；因为无法用语言将自己遭受的"隐形伤害"呈现到一个可以"被看见"的位置，所以，创伤才会真正形成。

当你长大了，也是一样的。面对长久的语言暴力，并不会因为你是一个成年人，就能自我调节得很好。如果你总是活在一个充满恶意和攻击性强的环境里，无论你的理智多强大，你或多或少还是会被影响，就像那株植物一样。假如，我们将充满恶意和攻击性的语言看作一种黑色的能量，别人把它扔给你，而你没有通过表达将它处理，也不能扔回去，那么你就在一直吸收它。

开始，也许你还有一些消化吸收的能力，但是到后面，这种黑色能量越来越多，而你又无法隔离自己，负面能量勾起了你内在的创伤——对自己的否定、怀疑、责备，这种负面能量对你造成的伤害可能会导致两种结果：一是让你去伤害自己，你的正面能量用完，你变得抑郁；二是你的理智看上去可以打败负面情绪，但是你的身体会出问题，生出各种病症。

5 我不是说，每一个人都要去以牙还牙，以暴制暴。我曾经写过这样一句话：内心问一问别人为什么伤害你，可以适当地缓解对你造成的伤害。这本身也是一种疗愈。但是，你还是要表达——我被你攻击了，我这样很难受，如果你一直这样，会有后果。

你需要去表达你的立场，抒发你的情绪，让你的感受呈现出来，让别人知道你被伤害了这件事。

这是很重要很重要的一件事。植物不会说话，但你是可以说话的。

活得累，
是因为你背着几个人的灵魂

父母在行为层面抚养孩子，
而孩子则将自己的灵魂，
分给了父母。

1　　有的人即使在咨询室里也不会谈到关于父母的问题。稍微一谈到，他就可能开始"自然地"掉转话题，或者他会补充说父母当年这样对待他，是因为父母也非常不容易，父母有这样那样的不得已。

每一个人都希望自己是一个被爱的小孩。这种渴望如此强烈，有时候我们愿意使用幻想，而不愿意去看真相。在那份幻想里，父母是充满了爱的父母，而自己是一个非常幸福的孩子。

可是，如果幻想出的美好并不能真的让你觉得满足、安全，那么你该怎么办呢？

一个来访者走进咨询室，和咨询师谈论原生家庭的动力。他可能不想继续伤害自己了，也无法再去要求自己做得更多。他想要自我拯救。然而，即使走进了咨询室，要谈论父母的真相，也并不容易。

我曾经在一次咨询里，对一个刚刚谈到童年就为父母辩护的来访者说：

"我注意到你不能自由地谈你自己的难处，也不能更多地去谈你童年的那些非常糟糕的体验。即使在这么私密的、没有录音录像、必须遵守保密协议的空间里，你都不能谈论你的感受，生怕这些会伤害了他们，这就好像，我在咨询室里，面对着的是三个人，和你一起来的还有你的爸爸妈妈。你担心在这里说的话会被他们听见，这会令他们无法承受。"

这位来访者，即使在咨询过程中，也无法照顾自己的感受，无法安慰自己受伤的心灵，无法表达自己的愤怒。这说明，他不只是为自己而活，他还背负着爸爸妈妈的生命。所以，他如果能与爸爸妈妈共情，就无法跟自己共情。为了保护爸爸妈妈的感受，他只能放弃自己的感受。

当一个人这样活着，他肯定是不能为自己而活的。因为他身上还附着爸爸妈妈的灵魂。爸爸妈妈好像每时每刻都和他在一起，他背负着他们的感受生存。而父母又是如此脆弱、匮乏，不具备自给自足、不具备爱自己的能力。所以他们就凭借孩子对自己的"精神供养"，让自己感到"我很优秀，我很不容易，我很有价值，我很重要"。

　　一个给予，一个接受，这样的配对关系，几乎从一个孩子出生开始就已经注定。父母在行为层面抚养孩子，而孩子则将自己的灵魂，分给了父母。

2　　由于一些父母的人格有问题，因此他们的内心是极为虚弱的。与其说这些父母一开始就艰难地抚养着他们的孩子，还不如说，他们的孩子一开始就艰难地照顾着父母的所有感受，无条件地与这样的父母共情，希望父母能更快乐，希望父母快乐之后可以爱自己，希望有一天父母在这种来自孩子的照顾下"长大"了之后，能够真的成为孩子需要的父母。

　　可惜，一个孩子，怎么可能疗愈得了父母的创伤？无数的孩子扮演着父母的父母、伴侣、咨询师。他们一开始就被逼上了大人的位置，步履蹒跚、跌跌撞撞地在父母的"期待"里，努力给予爸爸妈妈想要的一切。

　　我想把这种内在的虚弱，简单地分为两类。（这两类也可能会在一个人身上交替出现。）

　　第一种内在的虚弱，可能会表现成一种虚张声势的强，主要体现在那些在家一言九鼎、一意孤行、全天下我最对的父母身上。

其实，这是一戳即破的强。这种虚张声势的强悍父母，永远都在和外界吵架，搞得好像全世界都在针对他们。无论发生什么，都是别人不好。

这种类型的虚弱父母，需要的是孩子完全的认同。他们是绝对正确的、不容挑战的。但他们的绝对正确其实是虚弱的掩饰，所以经不起质疑、否定和碰撞。这也是他们和世界不能融洽的原因。

因为他们的弱让他们画地为牢，拒绝接受人生和他人的真实性、自己的局限性。有这样的父母，孩子就很难保留自己灵魂的独立性和主见。孩子为了照顾这样虚弱的父母，一开始就得牺牲自己真实的感受和判断。当他走向外部世界（3 岁以后），发现父亲或母亲可能是不对的，其他人不是爸爸妈妈描述的那种样子，他会觉得那是对父母巨大的背叛。他会产生强烈的内心冲突。

然后，在潜意识里，他可能会压抑自己升腾起来的声音，而任由父母的声音流满全身，也许这比清醒地处在煎熬中要好。他不想因为有自己的思想而撕破父母的掩饰，因为父母会垮掉。所以他选择和父母一起画地为牢。

第二种内在的虚弱，是真正的弱。比如有的母亲是在重男轻女的家庭里长大的，这些母亲在成为母亲之前，价值感就特别低，成为母亲后，孩子（尤其是儿子）成了她们唯一的价值。

她们可能会看起来非常弱，她们不敢大声说恨谁，但是她们总是怨，总是在呻吟哀叹，好像自己就是这个世界最为不幸的受害者，而且不管生活怎么改变，她们永远不会好起来。当然也有一些父亲是这样的。

面对生活得如此不幸的妈妈或者爸爸，孩子从小就希望他们能快乐起来，所以孩子会很懂事、乖巧，成年后也会非常孝顺。孩子会非常心疼自己的妈妈，时刻感知着妈妈情绪的重量，却忘记了自己没有人心疼。孩子想做个英雄去保护如此无力的妈妈，却发现自己能力有限，永远无法令自己的妈妈真正地满意和快乐起来。

因为妈妈是生活的受害者，总是处在被人欺负的位置上。于是孩子深恨自己的无能，也不允许自己独自幸福——因为我那可怜的母亲还活在痛苦里面呢。

母亲，其实是因为低价值感和很多人格问题无法快乐，而孩子却觉得自己是那个有责任令她快乐的人。将自己的行为，和父母的心情牢牢绑在一起，爸爸妈妈高兴了，自己才觉得有资格高兴。

读到这里，你对给予和接受有不同的感受吗？对付出和亏欠有不同的理解吗？是的，很多父母其实只是生育了孩子，然后在行为层面抚养了孩子，孩子却因此将自己的灵魂给了父母。

这是对谁的不公平？是谁对谁的亏欠？

在谈论到父母就非常纠结的人，或者刚要表达对父母的不满

3 就觉得是背叛，刚要拒绝父母就觉得内疚的人，我愿意相信，你们之所以不忍，是因为你们的确被爱过。

确实，人格层面再弱再有问题的父母，也不意味着一定没有尽其所能爱过自己的孩子。那些温情的瞬间，是你灰色童年中唯一的光。所以，几十年过去了，你还是不愿意离开父母。因为，你没有被好好爱过，你还是那个在原地等待被父母好好抚养长大的孩子，你害怕你一放手，这一切都会没有了，那么你就真的空了，真的散了。

你害怕去面对父母对你无意识或者有意识的伤害、侵占、利用、操控，你怕你一这样想，那仅有的美好、那一点点光亮就会彻底消失、熄灭，而你还没有做好准备。可是，你还要一直留在原地吗？继续用你的人生满足你的父母，背负着他们的愿望和灵魂上路，将他们的感受当作你的责任，背弃你自己，只为了等待他们有一天能真的爱你吗？

如果你一直这样等，你就无法分离。因为你对他们还有期盼，你还是不能真正接受他们的残缺。而如果你开始面对那些真相，面对真实的父母，也许你会发现那仅有的美好不存在了。可是，那种"绝对的美好"本来就是不存在的啊。

只是因为人格发展的不同，有的人成了足够好但也有不足的父母，有的人却真的没有尽到父母的职责。如果你认同了"绝对的美好不存在"这样的观点，你就会接受，也许父母对你的爱里还掺杂其他成分。因此，你才会痛苦，因此，你确实是有创伤的。

你接受了，你的父母不是绝对意义上的正确、绝对意义上的好父母，绝对意义上的牺牲者、受害者，你才能感觉到自己的痛苦，你才能去表达自己的需求。

4
孩子，是家庭功能的一部分，甚至他们用自己的生命凝成了家庭系统运转下去的基石。他们提供自己的一切，主动或被动接受着父母无法消化的负面情绪。

有些孩子并没有得到父母很好的养育，反过来成了父母精神的滋养者。他们没有被任何人感激，却成了"亏欠者"。这让人心痛。这不公平。

当他们卸下压在自己身上的责任的重担，他们会发现，虽然父母不能，但这个世界上其实还会有很多人懂他们，理解他们的伤痛，会为他们难过，而他们自己，其实也可以去做自己的养育者。

血缘不能作为爱的保障。血缘有关基因的繁衍，爱则关乎心灵。

如果我们没能明白这一点，血缘就很容易成为一个人侵占和利用另一个独立个体的最佳理由。爱，是不应该被局限在血缘里的。

第五章

学会给自己的
心灵疗伤

专心照顾自己，放弃改造别人

1

生命的背景，不以你的意志为转移，这是一件令人遗憾的事情。

但是，如果你能接受这样的背景，去理解、觉知、体悟、重塑，当你构建起新的体系，突破了生命背景替你设定的故事界限，突破了你父母的故事界限，那么你的每一小步，都是前所未有的成功。

2

"你很看重别人对你的评价"，打起十二分精神关注着别人对你是否满意——这意味着你其实是打起十二分精神，在维护着你脆弱而膨胀的自恋。

3

脆弱，是因为你很害怕别人的指责会彻底粉碎你的自恋。膨胀，是因为你其实是通过幻想夸大了自己拥有的一切。

脆弱和膨胀的自恋，是一个不可单点的套餐。它们绑住你，让你不能动弹。别人对你的期待，就是你的法则。符合别人（或自我）期待的人设，成了你身上越捆越紧的绳索。虽然你可能因此很成功优秀，但你不可能因此而变得轻松。

4

合理健康的自恋，就是你能承受得了"我令我在乎的人失望""我不够好""我解决不了这个问题""我犯错了"，并不以为耻，觉得这很正常。

5

任何一个人，都会有犯错、令人失望、在某些事上无力而无能的时候。这没什么可羞耻的。你之所以觉得羞耻，并且不可接受，可能是因为你觉得自己还可以做得更好。

6 如果你是父母满足他们疯狂自恋的工具，但你又试图成为一个普通的人、建立健康合理的自恋，那么你心里的"父母"就会对你很失望。

如果你没有在内心完成和父母的分离，你还渴望他们的认同和理解，如果你极度害怕他们会失望，那么你就没有胆量建立自己的信念，也无法零负担地接纳完整真实的自己。

7 有的人只想着必须达到标准，无法接受达不到和降低标准，他们看不到自己完成、获得和创造的东西，只看到自己的欠缺。这是一种"追求完美症候群"——表面上促进了自己的进步，但内里是在对自己长时间地施虐。

8

让你痛苦的往往不是那件没做好的事情，而是你对没做好的事情的态度。就好像让你最痛苦的不是失败的关系，而是你无法接受关系的失败——因为这意味着一个糟糕的你。

9

成长，每个人都有自己的节奏。一个人在困局里非常想要成长，想变得艺高人胆大，但是，这不是他自己能说了算的。他可以借助外力的推动，比如改变环境，比如学习，比如做咨询，比如改变一些能改变的事情。但是这个节奏，就像开花结果，是一个人内在复杂的人格结构和携带的家族特质交互发生变化的体现。

你是怎样的花，或怎样的树，遇到怎样的阳光和风，你就会有着你特定的节奏。理解这种节奏，接受可控和不可控的，就能让自己在煎熬中变得平静很多，减少内耗和自责。

10

快乐是简单的,但又不简单。简单在于,一个好天气、一份爱吃的食物,或者一个人对你展露的微笑,也许都会令你快乐。不简单在于,它源于外部环境,但更取决于自己的内心世界。

如果你对"追求快乐"这件事很在意,无法接受不快乐,甚至将是否快乐作为自我评判的某种标准——那么快乐就会变得很难。

11

"活着"这个词,对于不同的人来说,意味着不同的含义。

你的活法,也许不被大家理解。你的成长,也许会非常孤独。

追求自我真相,到后面会发现自己不是幻想中的英雄,而父母也没有幻想中那么肯自我牺牲和伟大,会发现关系里原来有恨、有利用,还有那么多被粉饰的自私。有很多人会受不了,所以他们不想知道真相。

这份"知道"足以瓦解一个人好不容易建立的内心世界。他也许再没有勇气也没有动力去建立一个新的内心世界了。

所以，心灵成长，不是一条你愿意走，别人就愿意跟上的路。越在心灵中成长，越可能让你觉得"孤独"。

请对照这份清单来爱自己

● 在照顾他人的情绪之前，
先照顾自己的情绪。
你不是在蓄意伤害他人，你只是在保护你自己。

———————————————

● 有一种能力，
是一种和求生技能一样重要的能力，
那就是为自己辩解的能力。

———————————————

● 一点时间都不浪费，
一个错误都没有，
每件事都成功，

每个目标都达成，
并不会让我们更爱这个世界。
因为你扼杀了自己的生命力。

● 人性的本能所能产生的杀伤力远超你的想象。
面对真实世界，
"丛林法则"有时候比很多道理更适用于我们的人生。

● 你对自己都不慈悲，
又如何对别人慈悲?
对得起自己的人，
才有对他人真正宽容的能力。

● 虽然你不一定能改变他人对你不恰当的对待，
但即便改变不了，
你还是需要去表达。
表达你的立场，
抒发你的情绪，
让你的感受理直气壮地呈现。

● 一个真诚的肯定，能够生出巨大的力量。
　学会自我表扬，将表扬自己的门槛降低。
　如果你找不出自己身上值得表扬的地方，
　那么你设置的门槛还是太高了。

● 带有理解的倾听，
　就是最好的疗愈。
　所以，你今天倾听和理解你自己了吗？

● 真正的自由，
　是指做既是自己喜欢的事情，也做有好结果的事情。
　如果你只做自己喜欢的事情，
　而不管结局如何，
　那只是充满自私的自由，不是真正的自由。

● 如果你只做正确的事情，
　那么你就活成了标准本身，
　而当你会干一些不被别人理解的事，
　你才是一个人了。
　当你不是标准，也不是目标时，

你才是你自己了。

———————————

● 重点不是你怎样才能成为一个更完美的你，
而是，你永远都不可能成为一个完美的你，
你，能否接受这样一个不完美的自己呢？
这种接受，就是对自己的爱了。

———————————

● 当你能量耗竭、无法前进的时候，
你的第一个想法总是自责。
不，你要允许自己表达累。
你要允许自己做不到。
无力，并不是一种羞耻。
它是一种真实。

———————————

● 活得很努力，却并不快乐的人，
很难停止对自己的要求，
因为，怕。
别的人，也许活着就好，
而你，却要让自己配得上活着。

如果在你内心深处的故事里，
你是一个受人恩惠、要拿自己去报恩的人，
并且这个恩情深重如山，一辈子都报不完，
那么这个故事一定是个假故事。
真实的故事，一定不是那样的。

如果你能像盼望快乐一样，接受不快乐，
如果你能像盼望完美一样，接受不完美，
那么你就能接受，
在你身上存在的负面的事情、负面的情绪、负面的表现。
这样你才能拥抱完整的自己，
而不是永远都在拒绝那一部分负面的自己。

你的价值体现在社会价值与自我价值的统一，
而不单纯体现在你做的事情里。
你不需要用你做的事情，
不断向别人去证明你的价值。

想活出自我，
就要有一个既属于自己也符合社会规范的人生原则，

不被别人狭隘的规则绑架，
是活出自我的关键。

● 你永远都有选择权。
你可以选择犯错，
可以选择认输，
也可以选择放弃。
如果可以这样的话，
你是不是会觉得你面前的路宽了很多？

● 不爽全世界的你，
其实是在不爽自己。
你对这个世界不满，
其实是为了惩罚内心有冲突的自己。

● 内心存在冲突，
想做好人又想干坏事，
这就是一种常态。
别为自己的想法自责。
尊重自己所有的想法和感受，

观察想法背后的原因，
这就是找到自己的方法。

● 你离自己的感受越近，
你就能获得越多的能量，
你的状态就会越好。

● 潜意识里，我们都会有爱和恨交织在一起。
即使面对最亲密的人。
只有纯净的爱，而完全不会有恨，那是神。

● 你需要的不是某种关系，
而是在关系里对方能允许你表达、能理解你的感受。
如果在某种关系里面没有这两样，
那么这段关系对你而言就是一种能量的消耗。

● 我们每一个人都是这个世界上的一个普通人，
为什么要把对自己的要求定得那么高？

难道，证明自己绝对优秀、特别了不起就可以永生了吗？

● 对自己好，
不仅仅是体现在买一点贵的东西给自己，
还体现在，
你拥有能够包容自己犯错的能力。

● 与其说，我需要一个爱人，
不如说，我需要一个可以给我想象空间的人，
在那个空间里，我是一个值得被爱的人。
所以，一直用否定和挑剔的眼光来对待这个空间的爱人，
还叫"爱人"吗？

● 要想活得好，就需要学会接受丧失。
而不是一直竭尽全力去避免丧失。
学会与丧失共存，
才是人类生存的法则。

只有让别人过得去，
自己才有可能过得去。
不与世界为敌，
也就不再与自己为敌。

自我疗愈的三十个真相

1

你需要在内心找一个空间，
装下那个你认为的"不够好的、旧的自己"。
接受它的存在，
我们才能在这种接受中，
不再消耗能量去抵抗、去谴责、去逃避。
我们才能在平静中轻装前行，
去塑造一个新的自己。

2

感情的输赢，
不是你最终有没有赢得他，

而是你有没有，
活成一个不带遗憾的自己。

3

一个有自己的价值观，
可以活在自己的价值观里，
不被他人的行为影响和动摇自己信念的人，
就是幸福的人。

4

关键不是改变他人，
而是我们应该在这样一个世界如何活着。
如何安放自己的位置，
如何定义自己，
如何坚守自己的信念。

5

成为一个怎样的人，

这句话指的不是在他人眼里，

你是怎样的你，

而是在你自己的内心里，

你相信自己是一个怎样的人。

在一个你控制不了的世界里，

过得幸福、获得解脱的真正方式，

是和自己达成一致。

6

做别人的情绪旁观者，

而不是拯救者，

不要动不动就将别人的情绪承担在自己的身上。

7

如果某种关系里连关于感受的对话都没有，

这样的关系能满足什么人？

也许只能满足"被物化""去心灵"的人。

8

不要总是把事情放在你和另一个人之间。

而是要让感受、情绪、体验，

在你和另一个人之间流动起来。

给感受一个可以流动的时间和空间。

9

小孩子其实什么都懂，

他的潜意识就像海绵，

在捕捉所在环境里细枝末节、秘而不宣的一切，

融刻进自己的潜意识里，

形成了人格，形成了模式。

10

我们习惯把感受包装在事情里面。

总是谈事情，不谈感受。

11

情绪，需要被处理，

我不是在找一个人处理我的事情，

而是一直在找一个人，

处理我的情绪。

12

不同的人之间，

就是不同的潜意识在交流，

潜意识会产生各种不同的化学反应。

彼此之间产生的爱，和彼此付出行动的反应，

也会因此而有大不同。

13

自卑的人常常是这样的，
先有了"我不够好"这种潜意识里先入为主的判断，
然后再去搜集自己不如别人的证据。

14

由于人性的关系，
在这个世界里，爱本来就不是绝对和纯粹的。
既不是 100% 的纯度，
也无法永恒，
它会随很多条件而改变。

15

在觉得自己不够被爱之前，
要搞清楚的是，
你去索爱的那个人，
具备多少给出爱的能力。

爱的多少，不是你努力要就有，

也不是他努力给就有。

每个人都有自己的极限。

16

或许，他以在你看来匪夷所思的方式来对待你，

就是他在这段感情甚至所有感情中的极致，

回应不够好的爱，你有权利选择离开。

17

我们为什么会如此孤独？

因为无论拥有多少物质，

站在什么位置，

你最需要的还是，

你的心有人可以理解和交流。

18

如果一定要向一个只有一百元的人借一千元，
一定要在一个没有"爱"这种能力的人身上，
不断挖掘你被爱的证据，
那么，除了让自己越来越痛苦失望，
不会有任何收获。
不要把你的自我，
建立在对方支付不起的爱上。

19

在保护你的身体健康、让财富增值、养育后代的同时，
也要保护自己的灵魂，
关注自己的感受，
别让心灵枯竭。

20

很多人，
根本没有在婚姻关系里处理感受、

表达感受、接纳感受的技能，

那是因为，在原生家庭里，

在他成长的最初，他的感受就没有被人好好地对待过。

21

我们在婚姻关系中寻找的，

其实，是一个处理我们情绪的转换器，

谁拥有这样的转换功能，

谁就能更多地带给对方幸福。

22

最不幸的事情，

不是你得到的爱比他人少，

而是你因此判定，

自己是一个不值得被爱的灵魂。

23

我们虽然活在人与人之间的关系里，
却不能简单地为某种关系而活。
我们虽然如此地渴望爱，
但我们也不能只为得到爱而活。
我们要建立自我，为自我而活。
既不为某种关系，也不为爱。

24

在爱情面前，
诚实地表达自己，
远比姿态重要。

25

感情中把自己保护得太好的人，最后还是会伤了自己。
这好像是个悖论，但它却很真实，
因为你也许会在漫长的时间里，
怪自己在这段感情里，没有尽力。

26

一个人，
如果没有看清和觉察自己本身的脆弱，
没有看清自己转化负面能量的系统其实作用微弱，
还在某种关系中不断掏空自己，
去为他人提供正面能量，
而不进行自我滋养和补给，
那么结果是危险的。

27

有的人有一种本领：
掏空他人、控制他人、"绑架"他人，
以爱之名、以付出之名、以牺牲之名。
他们的本能深谙此道，
根本不需要头脑的刻意筹划。
就像婴儿吸吮母乳，
是一种与生俱来的能力，
也是一种停不下来的需求。

我们之所以习惯于
在一种自我责备和伤害的状态中去努力，
是因为我们小时候就常常在"被责备和伤害"，
而非"被鼓励和支持"的状态中去努力。

带着"我不够好"的内心标签去努力，
往往事倍功半。
负面思维、消极暗示，
那些你没有觉察的潜意识模式，
不只是拖住了你成功的后腿，
更是牢牢捆住了你的两条腿。

很多人以为，
自己只要实现了某个目标，
就可以用大价钱去别人那里赎回自己的人生了。
这个大价钱，就是你给自己设置的障碍；
这个大价钱，就是别人的看法于你而言重要的程度；
这个大价钱，就是你的心被这个社会潮流影响的程度。

结语 ——————
痛苦，本是常态

关于中国的禅宗始祖达摩，在民间流传着这样一个故事。

北魏孝明帝孝昌三年（527），达摩来到少林寺，面壁而坐，整日不语。

有一个叫神光的僧人，博览群书，精通玄理，他听说达摩大师在少林寺，觉得高人离得不远，于是想去拜访他。

他去了少林寺见到面壁的达摩，从白天等到黑夜，达摩都没有开口说话。刚好那天晚上下了一场大雪，神光立在雪中，一整夜岿然不动，第二天雪没过了他的膝盖，达摩看到神光这样，心生怜悯，就问他："你在雪中这么久，所求何事？"

神光流着泪说："求您大发慈悲，开坛弘法，普度众生。"

达摩回答："诸佛之道至高无上，精妙无比。得道的人哪个不是持之以恒，能行无路之处，能忍不能忍受的痛苦？如果单凭小德行和小智慧，并且有取巧怠慢之心，还妄想能够觉悟，那不过是白费辛苦罢了。"

神光听到教诲，自断手臂求道。

然后问达摩："佛法的真谛，您可以告诉我吗？"

达摩说："佛法的真谛，没有办法从别人那里得来。"

1

人生的真谛和解脱之道，也是如此，无法从别人那里得来。

生活中，有时候会遇到这样的人，他为一件事很痛苦，旁人看了也很痛苦，但他就是无法做出选择、做出改变。

这个时候，他往往会想，为什么我会是这样一个我，我能不能变一变，或者谁能帮我把周围的环境变一变，为何我总是陷在这样的痛苦之中？

这个人如果满心所想的是，世界上有没有什么妙法可以缓解我的痛苦和难受，让我可以不用面对如此艰难的选择，也不用在眼下这种情境下煎熬。那么这种想法和依据这种想法所做的很多事情，就如同达摩说的一样，是白费力气罢了。

世界上没有妙法，能够从痛苦中解脱的人，无不是经历过很多痛苦。

也就是说，经历痛苦本身，才是通往从痛苦中解脱出来的道路。

2

关于痛苦，逃是逃不掉的。

什么精妙学说，什么灵丹妙药，都不可能真的让你从痛苦中解脱。

如果你看到一句话，就已经觉得解脱了，那一定是因为你已经从成长的痛苦里，走到了领悟和超越的门口。

不是这句话有多神奇，是你自己其实一直走在一条虽然痛苦但却是朝向光明的路上。

比如，你秉持信念做了很多努力，但不断失败，可你仍然没有放弃。

比如，你相信爱情和真心，虽然经历了很多痛苦，但是你没有因此憎恨他人，而是保持着一颗赤子之心。

比如，尽管原生家庭给了你压抑的愤怒，但你没有把你的愤怒发泄到无辜的人身上，而是去体验那份创伤、痛苦，想办法去觉察和化解它。你懂得"己所不欲，勿施于人"，你愿意自己去承担，不因为自己是个受害者就理直气壮地去伤害他人。

你一直这样痛苦着，也一直坚持着，你一直觉察着，即便身处黑暗也朝向光明，因为你相信光明的所在。

这样的痛苦，会带来成长。

3 心理学，并不是一门让人获得良好感觉的学科。

心理咨询（动力学取向的），很多时候，就是打开防御走近真相的过程，难免会引起来访者的阻抗或者不适。

如果来访者的内心还没有做好准备去面对自己的真相，咨询师和来访者都要停在某处，等待那样一个时刻。

而这个等待对于有的人来说，或许是很久很久。

心理咨询也好，心理学也好，并不是一个什么绝佳妙法，不是你了解了、懂得了，你顿时就感觉良好了。

它只是试图帮助你，去诚实面对自己罢了。

而这种诚实面对，有时是很痛苦的。

为了不面对糟糕的感受、残酷的真相，我们往往会做很多很多事情去逃避，但是这些事情、这种活法同样会让我们深陷痛苦的泥潭之中，离解脱只会更远。

4 一个人往往会做很多很多事情，去阻止自己面对，而这些事情，也给自己带来了越来越沉重的负担，活得越来越累。

举个例子，因为这种痛苦在很多人身上都有。

一个没有被父母很好地接纳过，从小就觉得自己很差很自卑的人，他会拼命努力地去抓住能够证明自己的东西，根本停不下来。

他为什么要拼命努力去证明和抓住呢？

因为他的本能不想体验"我很差"的感觉，他需要一些东西来让他离那种令他恐惧的感觉远一点。

于是他的一生都在和童年的感觉纠缠在一起。

于是他变得特别依赖外界的一切，依赖他人的笑脸和赞同，依赖"我很完美不会犯错"的感觉——那么他就会被这些他所依赖的东西束缚，他也就失去了自己，变成一个求取他人满意和赞赏的工具。

从开始为了逃避（觉得自己不够好的）痛苦，到最后沦为失去自我的一个工具，这种痛苦，让人绝望。

因为它是早已注定的循环，它无法塑造出一个有自主性的人。

其实，有一个关于人生的真相是，人生本来就是充满痛苦、烦恼、遗憾和各种艰难的抉择的。

这种情况对于绝大多数普通人都是，除了达摩这样的得道者。既然都是痛苦着走向终点，那我宁可这痛苦中，有光明，有自我，有坚持，而不愿意成为一个依赖他人、最终被束缚到毫无自由、只能求取他人满意的工具。

5

所以，不要逃避。

不是为了逃离痛苦，而是因为准备好了不再逃避，才是你来到这里的目的。

心理学，是让你拥抱自己真相的道路。这个道路不是药物，服下你就可以立刻快乐平静。你只是会活得比较真实。你会活得更为诚实。最终，因为这份诚实，你会与自己和他人和解，你会活得平静。

无论一个人怎么努力去逃避，也逃避不了觉得自己不够好、觉得自己难以得到接纳这种心灵深处的真实。你要改变它，除非去体验它、走进它、拥抱它。从你所体验的痛苦和经历中积累力量，等你有了力量，再去和那个自己待在一起，这就是和解。

我们最怕的是什么？

——我不够好，我不够被爱，我无法掌控事物，我很不安全……

但是，无法掌控、不够完美、没有绝对的安全，本来就是人生的真相。我们的确无法预知明天和他人将会如何，连自己也是常常改变的，当意外来临时我们也无法改变什么，这个真相令大多数人恐惧。活在一种被爱被重视被赞美、觉得自己完美的幻觉里，就可以逃离这种恐惧。但是，你也就永远成了一个逃兵，无法真正安然度过你的人生。

有的人，终其一生，只是想摆脱和远离最核心的真实感受，不断去搜集证明我们足够完美，我们可以掌控的证据——这样的人永远都是这种感受的手下败将，因为他们从来不能与它交锋。还有的人，从此刻或以前就开始，终其一生，去认真面对自我充满残缺和不完美的真相，然后将努力的焦点放在如何与这个令人恐惧和痛苦的感受相处，继而接纳它、整合它——那么这就是一条通往自我和解的道路。

如果你的自我里，有一部分是孤独、缺失、不被爱、会犯错的，从而给你带来巨大的不安全感、羞耻感和恐惧感，那么只有听见、看见、接纳这部分的你，你才算是拥抱了自己的真实。

6 安然度过人生，获得持久的平静，是去尝试接近这个我们内心深处无比恐惧的真实。对自己不够好的真实感知的恐惧，对未来不可知也不可控的恐惧。

接受这份真实，而不是否认它，拒绝它，逃避它。

这就是诚实。

越诚实，越能通往解脱。

痛苦本是常态。何必抵抗。

携手同行，看看真相会带我们到什么地方。